T0166196

CLASSIQUES JAUNES

Littératures francophones

Le Mariage forcé
Les Plaisirs de l'île enchantée

Molière

Le Mariage forcé
Les Plaisirs
de l'île enchantée

Édition critique par Charles Mazouer

PARIS
CLASSIQUES GARNIER
2022

Charles Mazouer, professeur honoraire à l'université de Bordeaux Montaigne, est spécialiste de l'ancien théâtre français. Outre l'édition de textes de théâtre des XVIᵉ et XVIIᵉ siècles, il a notamment publié *Molière et ses comédies-ballets*, les trois tomes du *Théâtre français de l'âge classique*, ainsi que *Théâtre et christianisme. Études sur l'ancien théâtre français*.

Visuel de couverture : Dorimène dans « Le mariage forcé ». Artiste inconnu. Source : www.meisterdrucke.de

© 2022. Classiques Garnier, Paris.
Reproduction et traduction, même partielles, interdites.
Tous droits réservés pour tous les pays.

ISBN 978-2-406-12443-6
ISSN 2417-6400

ABRÉVIATIONS USUELLES

Acad.	*Dictionnaire de l'Académie* (1694)
C.A.I.E.F.	*Cahiers de l'Association Internationale des Études Françaises*
FUR.	*Dictionnaire universel* de Furetière (1690)
I. L.	*L'Information littéraire*
P.F.S.C.L.	*Papers on French Seventeenth-Century Literature*
R.H.L.F.	*Revue d'Histoire Littéraire de la France*
R.H.T.	*Revue d'Histoire du Théâtre*
RIC.	*Dictionnaire français* de Richelet (1680)
S.T.F.M.	Société des Textes Français Modernes
T.L.F.	Textes Littéraires Français

ARTEM

AVERTISSEMENT

L'ÉTABLISSEMENT DES TEXTES

Il ne reste aucun manuscrit de Molière.

Si l'on s'en tient au XVIIe siècle[1], comme il convient – Molière est mort en 1673 et la seule édition posthume qui puisse présenter un intérêt particulier est celle des *Œuvres* de 1682 –, il faut distinguer cette édition posthume des éditions originales séparées ou collectives des comédies de Molière.

Sauf cas très spéciaux, comme celui du *Dom Juan* et du *Malade imaginaire*, Molière a pris généralement des privilèges pour l'impression de ses comédies et s'est évidemment soucié de son texte, d'autant plus qu'il fut en butte aux mauvais procédés de pirates de l'édition qui tentèrent de faire paraître le texte des comédies avant lui et sans son aveu. C'est donc le texte de ces éditions originales qui fait autorité, Molière ne s'étant soucié ensuite ni des réimpressions des pièces séparées, ni des recueils factices constitués de pièces

---

1   Le manuel de base : Albert-Jean Guibert, *Bibliographie des œuvres de Molière publiées au XVIIe siècle*, 2 vols. en 1961 et deux *Suppléments* en 1965 et 1973 ; le CNRS a réimprimé le tout en 1977. Mais les travaux continuent sur les éditions, comme ceux d'Alain Riffaud, qui seront cités en leur lieu. Voir, parfaitement à jour, la notice du t. I de l'édition dirigée par Georges Forestier avec Claude Bourqui des *Œuvres complètes de Molière*, 2010, p. cxi-cxxv, qui entre dans les détails voulus.

déjà imprimées. Ayant refusé d'endosser la paternité des
Œuvres de M. Molière parues en deux volumes en 1666, dont
il estime que les libraires avaient obtenu le privilège par
surprise, Molière avait l'intention, ou aurait eu l'intention
de publier une édition complète revue et corrigée de son
théâtre, pour laquelle il prit un privilège ; mais il ne réalisa
pas ce travail et l'édition parue en 1674 (en six volumes ;
un septième en 1675), qu'il n'a pu revoir et qui reprend des
états anciens, n'a pas davantage de valeur.

En revanche, l'édition collective de 1682 présente davantage d'intérêt – même si, pas plus que l'édition de 1674, elle
ne représente un travail et une volonté de Molière lui-même
sur son texte[2]. On sait, indirectement, qu'elle a été préparée
par le fidèle comédien de sa troupe La Grange, et un ami
de Molière, Jean Vivot. Si, pour les pièces déjà publiées par
Molière, le texte de 1682 ne montre guère de différences,
cette édition nous fait déjà connaître le texte des sept pièces
que Molière n'avait pas publiées de son vivant (*Dom Garcie
de Navarre, L'Impromptu de Versailles, Dom Juan, Mélicerte, Les
Amants magnifiques, La Comtesse d'Escarbagnas, Le Malade
imaginaire*). Ces pièces, sauf exception, seraient autrement
perdues. En outre, les huit volumes de cette édition entourent
de guillemets les vers ou passages omis, nous dit-on, à la
représentation, et proposent un certain nombre de didascalies censées représenter la tradition de jeu de la troupe de
Molière. Quand on compare les deux états du texte, pour les
pièces déjà publiées du vivant de Molière, on s'aperçoit que
1682 corrige (comme le prétend la Préface)... ou ajoute des
fautes et propose des variantes (ponctuation, graphie, style,

---

2   Voir Edric Caldicott, « Les stemmas et le privilège de l'édition des
     Œuvres complètes de Molière (1682) », [in] *Le Parnasse au théâtre...*, 2007,
     p. 277-295, qui montre que Molière n'a jamais entrepris ni contrôlé une
     édition complète de son œuvre, ni pour 1674 ni pour 1682.

texte) passablement discutables. Bref, cette édition de 1682, malgré un certain intérêt, n'autorise pas un texte sur lequel on doute fort que Molière ait pu intervenir avant sa mort.

Voici la description de cette édition :

- Pour les tomes I à VI : LES / ŒUVRES / DE / MONSIEUR / DE MOLIERE. Reveuës, corrigées & augmentées. / *Enrichies de Figures en Taille-douce.* / A PARIS, / Chez DENYS THIERRY, ruë saint Jacques, à / l'enseigne de la Ville de Paris. / CLAUDE BARBIN, au Palais, sur le second / Perron de la sainte Chapelle. / ET / Chez PIERRE TRABOUILLET, au Palais, dans la / Gallerie des Prisonniers, à l'image S. Hubert ; & à la / Fortune, proche le Greffe des Eaux & Forests. / M. DC. LXXXII. / *AVEC PRIVILEGE DV ROY.*
- Pour les tomes VII et VIII, seul le titre diffère : LES / ŒUVRES / POSTHUMES / DE / MONSIEUR / DE MOLIERE. / Imprimées pour la première fois en 1682.

Je signale pour finir l'édition en 6 volumes des *Œuvres de Molière* (Paris, Pierre Prault pour la Compagnie des Libraires, 1734), qui se permet de distribuer les scènes autrement et même de modifier le texte, mais propose des jeux de scène plus précis dans ses didascalies ajoutées.

La conclusion s'impose et s'est imposée à toute la communauté des éditeurs de Molière. Quand Molière a pu éditer ses œuvres, il faut suivre le texte des éditions originales. Mais force est de suivre le texte de 1682 quand il est en fait le seul à nous faire connaître le texte des œuvres non éditées par Molière de son vivant. *Dom Juan* et *Le Malade imaginaire* posent des problèmes particuliers qui seront examinés en temps voulu.

Au texte des éditions originales, ou pourra adjoindre quelques didascalies ou quelques indications intéressantes de 1682, voire, exceptionnellement, de 1734, à titre de variantes – en n'oubliant jamais que l'auteur n'en est certainement pas Molière.

Selon les principes de la collection, la graphie sera modernisée. En particulier en ce qui concerne l'usage ancien de la majuscule pour les noms communs. La fréquentation assidue des éditions du XVIIᵉ siècle montre vite que l'emploi de la majuscule ne répond à aucune rationalité, dans un même texte, ni à aucune intention de l'auteur. La fantaisie des ateliers typographiques, que les écrivains ne contrôlaient guère, ne peut faire loi.

La ponctuation des textes anciens, en particulier des textes de théâtre, est toujours l'objet de querelles et de polémiques. Personne ne peut contester ce fait : la ponctuation ancienne, avec sa codification particulière qui n'est plus tout à fait la nôtre, guidait le souffle et le rythme d'une lecture orale, alors que notre ponctuation moderne organise et découpe dans le discours écrit des ensembles logiques et syntaxiques. On imagine aussitôt l'intérêt de respecter la ponctuation ancienne pour les textes de théâtre – comme si, en suivant la ponctuation d'une édition originale de Molière[3], on pouvait en quelque sorte restituer la diction qu'il désirait pour son théâtre !

Il suffirait donc de transcrire la ponctuation originale. Las ! D'abord, certains signes de ponctuation, identiques

---

3   À cet égard, Michael Hawcroft (« La ponctuation de Molière : mise au point », *Le Nouveau Moliériste*, nᵒ IV-V, 1998-1999, p. 345-374) tient pour les originales, alors que Gabriel Conesa (« Remarques sur la ponctuation de l'édition de 1682 », *Le Nouveau Moliériste*, nᵒ III, 1996-1997, p. 73-86) signale l'intérêt de 1682.

dans leur forme, ont changé de signification depuis le
XVIIᵉ siècle : trouble fâcheux pour le lecteur contemporain.
Surtout, comme l'a amplement démontré, avec science et
sagesse, Alain Riffaud[4], là non plus on ne trouve pas de
cohérence entre les pratiques des différents ateliers, que les
dramaturges ne contrôlaient pas – si tant est que, dans leurs
manuscrits, ils se soient souciés d'une ponctuation précise !
La ponctuation divergente de différents états d'une même
œuvre de théâtre le prouve. On me pardonnera donc de ne
pas partager le fétichisme à la mode pour la ponctuation
originale.

J'aboutis donc au compromis suivant : respect autant
que possible de la ponctuation originale, qui sera toutefois
modernisée quand les signes ont changé de sens ou quand
cette ponctuation rend difficilement compréhensible tel
ou tel passage.

PRÉSENTATION ET ANNOTATION
DES COMÉDIES

Comme l'écrivait très justement Georges Couton dans
l'Avant-propos de son édition de Molière[5], tout commentaire
d'une œuvre est toujours un peu un travail collectif, qui
tient compte déjà des éditions antécédentes – et les éditions de Molière, souvent excellentes, ne manquent pas, à
commencer par celle de Despois-Mesnard[6], fondamentale et

---

4   *La Ponctuation du théâtre imprimé au* XVIIᵉ *siècle*, Genève, Droz, 2007.
5   *Œuvres complètes*, t. I, 1971, p. xi-xii.
6   *Œuvres complètes de Molière*, pour les « Grands écrivains de la France »,
    13 volumes de 1873 à 1900.

remarquable, et dont on continue de se servir… sans toujours le dire. À partir d'elles, on complète, on rectifie, on abandonne dans son annotation, car on reste toujours tributaire des précédentes annotations. On doit tenir compte aussi de son lectorat. Une longue carrière dans l'enseignement supérieur m'a appris que mes lecteurs habituels – nos étudiants (et nos jeunes chercheurs) sont de bons représentants de ce public d'honnêtes gens qui auront le désir de lire les classiques – ont besoin de davantage d'explications et d'éléments sur les textes anciens, qui ne sont plus maîtrisés dans l'enseignement secondaire. Le texte de Molière sera donc copieusement annoté.

Mille fois plus que l'annotation, la présentation de chaque pièce engage une interprétation des textes. Je n'y propose pas une herméneutique complète et définitive, et je n'ai pas de thèse à imposer à des textes si riches et si polyphoniques, dont, dans sa seule vie, un chercheur reprend inlassablement (et avec autant de bonheur !) le déchiffrement. Les indications et suggestions proposées au lecteur sont le fruit d'une méditation personnelle, mais toujours nourrie des recherches d'autrui qui, approuvées ou discutées, sont évidemment mentionnées.

En sus de l'apparat critique, le lecteur trouvera, en annexes ou en appendice, divers documents ou instruments (comme une chronologie) qui lui permettront de mieux contextualiser et de mieux comprendre les comédies de Molière.

Mais, malgré tous les efforts de l'éditeur scientifique, chaque lecteur de goût sera renvoyé à son déchiffrement, à sa rencontre personnelle avec le texte de Molière !

Nota bene :

1/ Les grandes éditions complètes modernes de Molière, que tout éditeur (et tout lecteur scrupuleux) est amené à consulter, sont les suivantes :

MOLIÈRE (Jean-Baptiste Poquelin, dit), *Œuvres*, éd. Eugène Despois et Paul Mesnard, Paris, Hachette et Cie, 13 volumes de 1873 à 1900 (Les Grands Écrivains de la France).

MOLIÈRE (Jean-Baptiste Poquelin, dit), *Œuvres complètes*, éd. Georges Couton, Paris, Gallimard, 1971, 2 vol. (La Pléiade).

MOLIÈRE (Jean-Baptiste Poquelin, dit), *Œuvres complètes*, édition dirigée par Georges Forestier avec Claude Bourqui, Paris, Gallimard, 2010, 2 vol. (La Pléiade).

2/ Signalons quelques études générales, classiques ou récentes, utiles pour la connaissance de Molière et pour la compréhension de son théâtre – étant entendu que chaque comédie sera dotée de sa bibliographie particulière :

BRAY, René, *Molière homme de théâtre*, Paris, Mercure de France, 1954.

CONESA, Gabriel, *Le Dialogue moliéresque. Étude stylistique et dramaturgique*, Paris, PUF, s. d. [1983] ; rééd. Paris, SEDES, 1992.

DANDREY, Patrick, *Molière ou l'esthétique du ridicule*, Paris, Klincksieck, 1992 ; seconde édition revue, corrigée et augmentée, en 2002.

DEFAUX, Gérard, *Molière ou les métamorphoses du comique : de la comédie morale au triomphe de la folie*, 2ᵉ éd., Paris, Klincksieck, 1992 (Bibliothèque d'Histoire du Théâtre) (1980).

Duchêne, Roger, *Molière*, Paris, Fayard, 1998.

Forestier, Georges, *Molière*, Paris, Gallimard, 2018.

Guardia, Jean de, *Poétique de Molière. Comédie et répétition*, Genève, Droz, 2007 (Histoire des idées et critique littéraire, 431).

Jurgens, Madeleine et Maxfield-Miller, Élisabeth, *Cent ans de recherches sur Molière, sur sa famille et sur les comédiens de sa troupe*, Paris, Imprimerie nationale, 1963.
– Complément pour les années 1963-1973 dans *R.H.T.*, 1972-4, p. 331-440.

McKenna, Anthony, *Molière, dramaturge libertin*, Paris, Champion, 2005 (Essais).

Mongrédien, Georges, *Recueil des textes et des documents du XVIIᵉ siècle relatifs à Molière*, Paris, CNRS, 1965, 2 volumes.

Pineau, Joseph, *Le Théâtre de Molière. Une dynamique de la liberté*, Paris-Caen, Les Lettres Modernes-Minard, 2000 (Situation, 54).

3/ Sites en ligne :

Tout Molière.net donne déjà une édition complète de Molière.

Molière 21, conçu comme complément à l'édition 2010 des *Œuvres complètes* dans la Pléiade, donne une base de données intertextuelles considérable et offre un outil de visualisation des variantes textuelles.

CHRONOLOGIE

(29 janvier 1664 – 12 mai 1664)

1664   29 janvier. Création du *Mariage forcé* au Louvre, chez la reine mère ; le roi dansa dans cette comédie-ballet.

7 février. Chevalier, *Les Amours de Calotin*.

15 février. Première du *Mariage forcé* « avec le ballet et les ornements » au théâtre du Palais-Royal.

28 février. Baptême de Louis, premier fils de Molière et d'Armande Béjart né le 19 janvier, le roi étant le parrain et Madame la marraine. Ce fils mourra le 10 novembre de la même année.

17 mars. *La Guerre comique, ou La Défense de l'École des femmes* de Philippe de La Croix est imprimée.

30 avril – 22 mai. La troupe de Molière est à Versailles pour les fêtes des « Plaisirs de l'île enchantée ».

8 mai. Création dans ce cadre de *La Princesse d'Élide*.

12 mai. Dans le même cadre, création du premier *Tartuffe*.

LE MARIAGE FORCÉ

INTRODUCTION

Se trouvant de plus en plus engagé au service du roi, Molière dut hâtivement – le gazetier Loret parle d'un « impromptu », mais Molière ne cessa d'être bousculé pour répondre aux commandes royales – fournir aux réjouissances d'entre Noël 1663 et le carême 1664. Ce fut, en collaboration avec le musicien Lully et le chorégraphe Beauchamp, un ballet : *Le Mariage forcé*, dont Molière imagina le sujet, dressa le plan et rédigea les paroles.

TRANSFORMATIONS

Comme spectacle, *Le Mariage forcé* a une histoire plus longue et connut trois états.

Ce fut d'abord un ballet du roi en trois actes, dansé devant le roi et par le roi (il tenait le rôle d'un Égyptien au deuxième acte), créé au Louvre le 19 janvier 1664. Cette *comédie-ballet* – ou ce *ballet* (le Registre de La Grange emploie les deux appellations) – fut donnée quatre fois à la cour, dans l'appartement de la reine mère, puis chez Madame et Monsieur. Ensuite, à partir du 15 février et pour douze représentations pendant un mois, Molière voulut présenter cette comédie musicale et dansée à son public parisien

du Palais-Royal ; *Le Mariage forcé*, « comédie-mascarade »
comme dit l'Argument du livret, fut offert « avec le ballet et
les ornements », selon ce que précise La Grange, qui détaille
les frais engagés pour le spectacle musical et dansé (douze
violons, un clavecin, des hautbois, des musiciens pour la
ritournelle ; les danseurs ; les costumes).

De cette première version du *Mariage forcé*, il ne nous
demeure qu'un maigre livret qui nous fournit, outre le
canevas du ballet et le nom des interprètes, les paroles
chantées (les deux « récits » – des airs, en fait – de la Beauté
(I, 2) et du Magicien (II, 3) et, grâce au Ciel, la partition
de Lully, qui sera publiée ici.

Quatre ans plus tard, en février-mars 1668, *Le Mariage
forcé* reparaît à l'affiche du théâtre de Molière, associé à la
pièce alors nouvelle d'*Amphitryon*, pour quelques représentations ; à la fin d'avril, *Le Mariage forcé* fait partie de la série
de représentations données à Versailles par ordre du roi.
Mais, alors, il ne s'agit plus d'un ballet : *Le Mariage forcé*
est devenu une simple comédie, sans ornements, remaniée
en un acte. Molière en publia le texte chez Ribou, l'achevé
d'imprimer étant du 9 mars. Il faudra apprécier le passage
de la comédie-ballet à la comédie.

Ce n'est pas tout. Quatre ans plus tard encore, en 1672,
Molière reprit son *Mariage forcé*, mais dans des conditions
particulières, en l'intégrant à une autre comédie, *La
Comtesse d'Escarbagnas* ; cette *Comtesse d'Escarbagnas* avait
été créée le 2 décembre 1671 à Saint-Germain-en-Laye
pour le *Ballet des ballets*, où elle servit de cadre et de fil
directeur à un ensemble, en permettant l'enchaînement
d'une anthologie des plus beaux passages des ballets des
années précédentes (tous extraits de la tragédie-ballet de
Psyché ou des autres comédies-ballets de Molière). Au fond,
La Comtesse d'Escarbagnas fut d'un usage semblable à partir

du 8 juillet 1672, au Palais-Royal, et servit de cadre à une quinzaine de reprises du *Mariage forcé* pendant un mois. Comment s'intégraient exactement *Le Mariage forcé* ou les morceaux du *Mariage forcé* dans le déroulement de *La Comtesse d'Escarbagnas* ? Comme pour le *Ballet des ballets* nous sommes réduits à des hypothèses plus ou moins vraisemblables.

Mais quel texte du *Mariage forcé* ? Celui de 1664, plus vraisemblablement, ou celui de 1668 ? La version de la comédie-ballet en trois actes, qui aurait pu être remaniée, ou la version en un acte ? Nous n'aurons jamais la réponse à cette question ; mais il faut absolument citer cette note de La Grange, placée entre le 11 et le 14 août 1672 :

> *Nota* encore que *Le Mariage forcé* qui a été joué avec *La Comtesse d'Escarbagnas* a été accompagné d'ornements dont Monsieur Charpentier a fait la musique et Monsieur de Beauchamps les ballets, Monsieur Baraillon les habits...

La troisième version du *Mariage forcé* est donc à nouveau une comédie-ballet, avec le même chorégraphe et le même tailleur qu'en 1664 ; en revanche, le musicien n'est plus Lully, puisque les deux hommes se sont brouillés, du moins sur le plan esthétique, mais le jeune Marc-Antoine Charpentier, dont nous avons également les partitions.

Cela redouble encore la perplexité de l'historien des spectacles car, à l'indécision sur l'intégration du *Mariage forcé* dans *La Comtesse d'Escarbagnas* et à l'indécision sur la version du texte du *Mariage forcé* utilisé s'ajoute, eu égard à l'état, à l'ordre et à la désignation des morceaux dans les *Mélanges* autographes de Charpentier, l'impossibilité de savoir où les morceaux de musique pouvaient se placer.

Sur tous ces points, nous sommes renvoyés à des hypothèses et à des reconstructions qu'on peut toujours discuter. Le musicologue américain John S. Powell[1] ou l'éditrice anglaise Julia Prest[2] de la pièce ont proposé des reconstitutions diverses. L'éminente spécialiste française de Marc-Antoine Charpentier, Catherine Cessac[3], a bien voulu reprendre la question de la contribution de Charpentier au spectacle de 1672 ; on trouvera ci-après, en Annexe, le fruit de ses réflexions.

LE SUJET

Quelles que soient les variations de la forme du spectacle, la trame en reste identique et c'est une trame de farce – mais farce à la manière de Molière, c'est-à-dire ouvrant des aperçus aigus et profonds sur les personnages et sur la société.

Comme Panurge dans le *Tiers Livre* de Rabelais, que Molière avait évidemment en tête, un nouveau Sganarelle – ici bourgeois aisé de 52 ou 53 ans – se demande s'il doit vraiment se marier et se trouve amené à consulter des personnages bien différents. La première consultation n'est pas une vraie consultation : sa sensualité gourmande et son rêve de possession de la jeune Dorimène taraudent si fort Sganarelle que sa décision est déjà prise. « Et moi je vous dis que je suis résolu de me marier », rétorque-t-il à son ami Géronimo qui tente en vain de le dissuader d'épouser une jeune fille connue pour sa coquetterie ; Sganarelle se

---

1   *Music for Molière's comédies*, éd. John S. Powell, Madison, USA, A.R. editions, Inc., 1990.

2   Pour les Textes Littéraires de l'université d'Exeter, en 1999.

3   Voir son *Marc-Antoine Charpentier* de 2004 (1988).

croit fait pour un tel mariage. Il va déchanter très vite, car Dorimène, la galante sa promise, lui assène sa propre vision du mariage, dont elle attend la liberté, la liberté de sortir, de se divertir, sans être enfermée ni soupçonnée par un mari jaloux. Le barbon amoureux change de visage : serait-il destiné au cocuage ?

Assommé par cette déclaration, Sganarelle s'endort et est assailli de cauchemars qui s'incarnent dans des danseurs. Géronimo le réveille et le lance dans une série de consultations qui mêlent le réalisme et la fantaisie. Un sectateur d'Aristote, Pancrace, puis un philosophe pyrrhonien, Marphurius, le laissent dans l'incertitude. La divination et la magie semblent plus déterminantes car, raillé par des Égyptiennes[4] et effrayé par des démons qu'évoque le magicien, il comprend qu'il sera cocu et veut dégager sa parole.

En vain, et le mariage désiré va devenir un mariage forcé, la famille de Dorimène refusant le désistement et l'obligeant, à coups de bâton car Sganarelle refuse de se battre en duel, à respecter sa parole.

C'est assurément de l'esprit de Panurge que s'est inspiré Molière pour ravaler la question du mariage à la crainte du cocuage et tourner en dérision la quête de son personnage ridicule, bel et bien condamné au mariage et au cocuage.

---

4   Sur ces personnages, voir François Moureau, « Égyptiens et Égyptiennes à la cour et à la ville : la trace gitane sous Louis XIV », [in] *La Zingara nella musica, nella letteratura e nel cinema*, a cura di Giovanni Dotoli, Fasano, Schena editore, 2003, p. 95-105 (Biblioteca della ricerca. Cultura straniera, 111).

UNE COMÉDIE-BALLET

Ou, si l'on préfère, une *farce-ballet*, avec la profusion
spectaculaire que fournit l'union de la comédie, de la
musique et du ballet[5]. Après l'ouverture, les violons de Lully
accompagnent la voix : Mademoiselle Hilaire chante le récit
de la Beauté et l'inquiétante voix de basse de Destival en
magicien répond en chantant aux questions de Sganarelle
(le « concert espagnol » final ne doit rien à Lully) ; mais,
le plus souvent, ils soutiennent et donnent le rythme aux
danseurs de Beauchamp, dans huit entrées de ballet, la
fin de l'acte II constituant une apothéose de la danse. La
musique et la danse font part égale avec la comédie, qui
se réserve une dizaine de scènes pour faire évoluer Molière
et ses acteurs ; grâce à eux, la musique et la danse sont
liées par une fable dramatique relativement vraisemblable.

À la variété des moyens esthétiques répond la variété des
registres et des tons. On pourrait insister sur l'invention
dans l'écriture – qui n'est perceptible pour nous qu'à la
lecture de la deuxième version du *Mariage forcé*, chaque
situation de dialogue et chaque personnage entraînant
un style différent. Le dialogue déjà, qui renvoie à une certaine vraisemblance réaliste, introduit, par sa stylisation,
son schématisme effectivement farcesque, à la fantaisie.
La musique et la danse amplifient cette impression. La
partition fait éclater une belle diversité des registres, de la

---

5   Voir des analyses plus détaillées dans Charles Mazouer, « *Le Mariage forcé*
de Molière, Lully et Beauchamp : esthétique de la comédie-ballet », [in]
Dramaturgies. Langages dramatiques. Mélanges pour Jacques Scherer, Paris,
Nizet, 1986, p. 91-98, et dans *Molière et ses comédies-ballets*, nouvelle
édition revue et corrigée, 2006, *passim*.

galanterie au burlesque en passant par le merveilleux et le surnaturel. D'un côté l'air de la Beauté, de l'autre le burlesque des diables dansant ; ni les diables, ni le magicien, qui n'effraient que Sganarelle, ne sont pris au sérieux. Des analyses musicales plus poussées révèlent la finesse des styles de Lully.

Molière, maître d'œuvre de la comédie-ballet, est-il parvenu à fondre étroitement et naturellement ces divers éléments du spectacle en un tout ? Oui. On peut dire qu'après *Les Fâcheux*, Molière réalise son vœu d'unité esthétique des différents arts. À travers les contrastes du parlé, du chanté et du dansé, à travers les contrastes voulus des registres et des tons, l'impression demeure d'une belle cohérence, constituée d'équilibres et de variété, dans l'agencement du dialogue, de la musique et de la danse, qui s'entremêlent, selon une vraisemblance esthétique sans défaut, autour du fil central : l'évolution de Sganarelle concernant son mariage – d'abord follement désiré, puis envisagé avec prudence et crainte, finalement forcé. Les ornements accompagnent Sganarelle entêté, qui passe du rêve au cauchemar ; ils l'accompagnent ensuite quand, déçu par les savants, par la sagesse des hommes incapables de répondre à son interrogation, il a recours à la divination et à la magie – occasion parfaite pour l'insertion d'ornements ; ils l'accompagnent enfin à l'acte III, quand on passe encore du réalisme brutal, avec la violence faite au vieux bourgeois, à la fantaisie apportée par les ultimes entrées qui, comme réjouissances pour la fête du mariage, donnent une véritable mascarade, dont Sganarelle – promis au cocuage dès le jour de ses noces – se trouve être à la fois le spectateur raillé et la tête de Turc.

Art achevé de l'assemblage : Molière manifeste un sens impeccable de la finalité et de la complémentarité de chaque art, et les fait se répondre dans ce spectacle.

L'entremêlement de la réalité et du rêve, du réalisme et de la fantaisie est de grand sens et touche à la signification du spectacle.

Il faut déjà prendre en compte l'ouverture. Pour la fête de cour, plus précisément pour une mascarade, sur un dispositif éphémère hâtivement réalisé par Carlo Vigarani, l'ouverture à la française de Lully pose une ambiance et arrache le spectateur au quotidien pour l'introduire dans un univers autre, fantaisiste et joyeux.

Vient alors le spectacle. La fable et le dialogue parlé fournissent l'ancrage dans la réalité sociale de l'époque et assurent la *mimèsis* de l'humaine nature, nous y reviendrons, avec ses grandes questions, ses désirs et ses craintes, ses pesanteurs et ses violences, ses échecs enfin. Mais la prose réaliste est débordée par la musique et la danse. Un bourgeois peut alors rêver sur la scène, être mis face à une idée de galanterie inaccessible pour lui (air de la Beauté), ou plongé dans un cauchemar (scène du magicien). Un bourgeois déçu par la sagesse rationnelle des philosophes peut alors consulter des Bohémiens (concession à l'exotisme), puis recourir à la magie et à l'évocation terrifiante des démons pour connaître son avenir. La fantaisie et l'imaginaire s'imposent ainsi.

À cet égard, la fin du spectacle opère un choix volontariste. Nous ont été montrées l'obstination sotte, l'impossibilité de s'entendre et finalement la soumission à la violence – toutes choses graves et amères. Or, au-delà de la stylisation du dialogue qui fait basculer la pièce dans le comique de la farce, la musique et le ballet ôtent tout sérieux et toute gravité à l'aventure. Pas plus que n'importent la bêtise des philosophes et la violence exercée par la famille de Dorimène, l'échec de Sganarelle n'apitoie. Des entrées burlesques et bouffonnes traitent par le rire les malheurs de

Sganarelle. Le spectacle se termine en mascarade : l'échec du bourgeois humilié est emporté dans le tourbillon des danses plaisantes et grotesques, dans un charivari authentique ; son futur cocuage est dansé, transmué en plaisantes postures. Il faut oublier l'échec et le malheur passablement injustes du bourgeois.

UNE COMÉDIE

La version de 1668 – les dix scènes d'une comédie unie, parlée et privée de tout ornement – est bien loin de nous faire oublier les aspects sérieux de l'aventure. Derrière la fantaisie de la musique et de la danse, derrière le rire de la farce, ceux-ci existaient bel et bien, dès la première version du spectacle ; la comédie en un acte les met parfaitement en valeur.

Le mariage n'est pas éclairé seulement par l'aspect dérisoire du cocuage, de fait présenté comme le destin de Sganarelle. L'affaire est l'histoire d'un désaccord, par l'opposition extrême des deux promis. D'un côté, un homme d'âge, et rétrograde, qui étale ingénument sa volonté de puissance et sa sensualité gourmande pour la captive qui sera sa chose. De l'autre, une jeune galante, très libérée et bien décidée à transgresser les normes de l'union conjugale, en s'affranchissant de la tyrannie d'un mari, simple couverture sociale et utile par sa fortune.

L'opposition entre les futurs époux s'accroît aussi d'une opposition sociale. Sganarelle est un riche bourgeois, qui a voyagé, et très probablement pour s'enrichir dans le commerce ; son entrée sur la scène souligne plaisamment son attachement à l'argent. Comme tout bourgeois, il se montre lâche, répugne au duel, accepte sans broncher d'être rossé et cède à cette force. En face de lui, Dorimène semble être la fille de nobles déclassés ; Alcantor et Alcidas (Lycante dans le ballet) sont très pointilleux sur le respect de la parole donnée et sur leur honneur qu'il faut défendre à la pointe de l'épée. Mais on peut se demander s'ils ne sont pas plutôt des aventuriers, et le fils un simple bretteur mâtiné d'hypocrite – voyez l'opposition entre son ton doucereux et sa violence, en quoi il ressemble à son père[6]. La farce fournit ainsi un aperçu sociologique : réalisme sérieux.

Que valent les consultations dans lesquelles se lance le futur cocu ? Un peu moins même que ce que valent celles de Panurge. La version de 1664 ne pouvait que railler devineresses et autre magicien. En 1664 comme en 1668, on voit bien ce que Molière pense des philosophes : ce ne sont que des pédants – dont il a pratiqué et ne cessera de pratiquer la critique – au savoir inutile pour la vie, enfermés dans une philosophie de néant, qui permet au dramaturge de se moquer des aristotéliciens et des sceptiques. La savoir officiel, reconnu, ne vaut pas mieux que les charlatans ; on ne trouve pas chez eux la sagesse, c'est-à-dire les principes d'une conduite raisonnable.

Ce qu'on doit surtout mettre en valeur, c'est l'insistance du *Mariage forcé*, qui se voit à plein en 1668, sur les difficultés de la communication entre les personnages[7] – aspect bien repéré chez Molière[8]. Toute la pièce est faite de heurts, de difficultés ou d'impossibilités à communiquer et à s'entendre, et finalement de violences infligées ou subies. Chaque

---

6   Et tous deux semblent annoncer le Monsieur Loyal du *Tartuffe*.
7   Voir Anthony A. Ciccone, « Structures of communication and the comic in Molière's *Le Mariage forcé* », *Neophilologus*, 66 (1982), p. 43-48.
8   Voir Olivier Bloch, *Molière : comique et communication*, 2009.

dialogue paraît un faux dialogue où des individus restent isolés, enfermés en eux-mêmes, dans leur obstination, dans leur rêve, leur déraison, leur volonté de puissance. Comme si l'échange était impossible, d'emblée désaccordé.

Il n'est que de suivre Sganarelle pour le vérifier et pour vérifier la puissance comique de ces sortes d'incommunicabilités. Sganarelle part demander conseil, mais il n'écoute pas Géronimo. Juste retour des choses : lui qui n'a pas écouté son ami n'est pas écouté par les docteurs ; il en est même réduit à user de la force, en repoussant Pancrace. Il ne communique pas avec sa future, qui lui impose sa vision. Sa demande de désistement n'est pas écoutée et pas acceptée ; il sera forcé d'épouser. « Tous est d'accord », conclut Alcidas, en une sorte d'ironie féroce, car on est justement arrivé à une acceptation sans accord réel.

Et, en 1668, les ornements de musique et de danse ont disparu et avec eux le climat de fantaisie et de joie qui emportait les violences. Si on laisse de côté la courte scène 10 – il fallait bien quelques répliques d'un dénouement pour remplacer les quatre entrées finales du ballet –, Molière garde toutes les scènes de 1664 et n'ajoute qu'une scène, la scène 7, qui fait voir à Sganarelle comment Dorimène organise tranquillement son futur adultère. Rengrènement d'humiliation et de violence pour Sganarelle.

Et, je le redis, tous les ornements ont disparu, laissant à découvert les aspects réalistes, sérieux et durs. Au fond, se présente déjà avec *Le Mariage forcé* ce qui se produira avec *George Dandin*, *mutatis mutandis* : à l'origine une farce enchâssée dans des ornements qui en rabotent la dureté et qui, privée de son contexte spectaculaire ou de ses ornements, change subrepticement de sens et virerait au sombre.

Heureusement, la comédie simple du *Mariage forcé* révèle de belles réserves de rire, les mêmes que la comédie-ballet :

l'illusion du sensuel et égoïste barbon amoureux, progressi-vement enfoncé dans la déconvenue, que personne n'écoute – surtout pas les caricatures de pédants, bloqués dans leur colère, leur doctrine ou leur formalisme et incapables de dialoguer –, et finalement forcé d'épouser et d'être cocu. Ce rire adoucit singulièrement l'épreuve du héros comique.

Étant donné les indécisions signalées, dues à l'absence de documents suffisants, on ne peut guère pousser l'analyse sur la troisième version du spectacle, celle de 1672, où la farce était encadrée ou enchâssée dans *La Comtesse d'Escarbagnas*, on ne sait comment. Ne nous restent que les morceaux épars de la musique de Charpentier, *membra disjecta* ; et on ne sait qui est l'auteur des paroles chantées. En tout cas, les morceaux d'orchestre et les airs, duo ou trios proposés par Charpentier[9] durent produire le même effet esthétique que la musique de Lully. Les danses introduisaient charme, légèreté, ironie, et estompaient la gravité, la pesanteur, le sérieux ; airs et dialogues faisaient rire du cocuage et des maux du mariage. Les velléités matrimoniales de Sganarelle étaient tournées en plaisanterie par le trio grotesque « Amants aux cheveux gris ». Charpentier a composé aussi un grand trio bouffe « La, la, la, la, bonjour », du plus fort comique musical, mais dont il n'est pas sûr, malheureusement, qu'il ait un rapport avec notre comédie.

En tout cas, le jeune musicien n'est pas inférieur à son rival mieux en cour pour composer de la musique comique destinée aux comédies de Molière. Nous le vérifierons avec *Le Malade imaginaire*.

---

9   Voir : Catherine Cessac, *op. cit.* de 2004 (1988) et sa notice ci-après ; Charles Mazouer, « Molière et Marc-Antoine Charpentier », *C.A.I.E.F.*, mai 1989, n° 41, p. 145-160 ; l'introduction de Julia Prest à son édition citée de 1999, p. XXI-XXIX.

LE TEXTE

Le lecteur trouvera successivement le livret de 1664 et le texte de la comédie de 1668.

Nous suivons l'édition originale du livret :

> LE MARIAGE / FORCÉ, / BALLET / DU ROY. / Dansé par sa Majesté, le 20ᵉ jour / de Ianvier 1664. / A PARIS, / Par ROBERT BALLARD, seul Imprimeur / Du Roy pour la Musique. / M. DC. LXIV. / Auec Priuilege de sa Majesté. In-4 : [1 : page de titre ; 2 : liste des acteurs ; 3 : Argument] 4-12.

Quatre exemplaires à la BnF, Tolbiac (YF-1034, RES-YF8 1036, 1222 et 2257) et un exemplaire aux Arts du spectacle (8-RA3-120). Numérisation : NUMM-72455. Ce livret se trouve aussi dans des recueils factices conservés à l'Arsenal (4-BL-3771 [6] et RESERVE 8-NF-8007 [2]).

Pour la comédie publiée par Molière, nous donnons également le texte de l'édition originale de 1668 :

> LE / MARIAGE / FORCÉ. / COMEDIE. / Par I. B. P. DE MOLIERE. / A PARIS, / Chez IEAN RIBOV, au Palais, / vis à vis la Porte de l'Eglise / de la Sainte Chapelle, / à l'image S. Louis. / M. DC. LXVIII. / AVEC PRIVILEGE DV ROY. In-12 : [4 : page de titre, Privilège, liste des personnages] 92.

Trois exemplaires à la BnF, Tolbiac (RES-YF-4183 et 1485 ; RES P-YF-594 [4,3]), un exemplaire aux Arts du spectacle (RESERVE 8-FR-3069) et un exemplaire à l'Arsenal (8-NF-4623). Numérisation de la BnF (images numérisées) : IFN-8626162.

L'édition posthume de 1682 refait et développe la fin de la scène 4 de la comédie. On donnera cette variante.

LA PARTITION DE LULLY

Des multiples sources manuscrites de la musique de Lully (Partitions générales, Partitions réduites, Partitions séparées, Recueils d'airs), la plupart postérieures à la mort de Lully et ne transmettant pas la musique complète composée pour la comédie, la plus sûre et la seule à intégrer la musique aux trois actes de la comédie est la copie manuscrite établie par André Danican Philidor l'aîné :

> Le // Mariage Forcé // Comedie et Ballet // Du Roy // Dansé par sa Majesté le 29ᵉ // Jour de Janvier // 1664 // Recueillie par Philidor Laisné en // 1690 (BnF musique : Rés. F. 512 ; texte numérisé : NUMM-207207).

C'est cette partition qui doit être choisie comme source principale pour l'édition critique.

Une nouvelle et grande édition des *Œuvres complètes* de Lully est en cours depuis 2001, chez Georg Olms, Hildesheim-Zürich-New York, sous la direction de Jérôme de La Gorce et Herbert Schneider ; les volumes de la Série II concernent les comédies-ballets de Molière. L'édition du *Mariage forcé*, préparée par Noam Krieger, est parue en 2019-2020

BIBLIOGRAPHIE

MOLIÈRE, Jean-Baptiste Poquelin, dit, *Le Mariage forcé*, édition Julia Prest, Exeter, University of Exeter Press, 1999 (Textes Littéraires, CIX).

CHARPENTIER, *Meslanges autographes*, en fac-similé, Paris, Minkoff-France, 28 volumes, 1990-2004.

CHARPENTIER, *Music for Molière's comédies*, éd. John S. Powell, Madison, USA, A.R. editions, Inc., 1990.

CICCONE, Anthony A., « Structures of communication and the comic in Molière's *Le Mariage forcé* », *Neophilologus*, 66 (1982), p. 43-48.

MAZOUER, Charles, « *Le Mariage forcé* de Molière, Lully et Beauchamp : esthétique de la comédie-ballet », [in] *Dramaturgies. Langages dramatiques. Mélanges pour Jacques Scherer*, Paris, Nizet, 1986, p. 91-98.

MAZOUER, Charles, « Molière et Marc-Antoine Charpentier », *C.A.I.E.F.*, mai 1989, n° 41, p. 145-160.

MAZOUER, Charles, *Molière et ses comédies-ballets*, Paris, Klincksieck, 1993. Nouvelle édition revue et corrigée, Paris, Honoré Champion, 2006 (Lumière classique, 75).

CESSAC, Catherine, *Marc-Antoine Charpentier*, Paris, Fayard, 1988 ; nouvelle édition revue et augmentée en 2004.

MOUREAU, François, « Égyptiens et Égyptiennes à la cour et à la ville : la trace gitane sous Louis XIV », [in] *La Zingara nella musica, nella letteratura e nel cinema*, a cura di Giovanni Dotoli, Fasano, Schena editore, 2003, p. 95-105 (Biblioteca della ricerca. Cultura straniera, 111).

CHERVET, Cyril, « Roman philosophique et comédie des philosophes : sur la source rabelaisienne du *Mariage forcé* », [in] *Molière et le romanesque du XXe siècle à nos jours*, Actes du 4e colloque de Pézenas (8-9 juin 2007) p. p. Gabriel Conesa et Jean Emelina, Pézenas, Domens, 2009, p. 39-76.

BLOCH, Olivier, *Molière : comique et communication*, Pantin, Le Temps des cerises, 2009.

FIASCHI-DUBOIS, Annick, « *Le Mariage forcé* ou la comédie-ballet à l'épreuve de l'histoire : un apogée oublié de l'interdisciplinarité », [in] *Les Arts de la scène à l'épreuve de l'histoire : les objets et les méthodes de l'historiographie des spectacles produits sur la scène française, 1635-1906*, sous la direction de

Roxane Martin et Marina Nordera, Paris, H. Champion, 2011 (Colloques, congrès et conférences sur la littérature comparée, 15), p. 305-317.

BOURQUI, Claude, « Molière philosophe de seconde main : la scène de Pancrace dans *Le Mariage forcé* », [in] *Usage du copier-coller aux XVIe et XVIIe siècles : extraire, réemployer, recomposer*, études réunies par Marie-Gabrielle Lallemand et Miriam Speyer, Caen, P. U. Caen, 2021, p. 67-76.

DISCOGRAPHIE

MUSIQUE DE LULLY

LULLY, Jean-Baptiste, *L'orchestre du roi-Soleil. Symphonies. Ouvertures. Airs à jouer*, par le Concert des Nations, dir. Jordi Savall. On trouvera seulement le rondeau et le second air de la 7e entrée (*Un charivari grotesque*) et la bourrée finale de la 8e et dernière entrée (Alia Vox, 1999).

MUSIQUE DE CHARPENTIER

CHARPENTIER, Marc-Antoine, *Les Arts florissants* et *Intermède pour Le Mariage forcé et La Comtesse d'Escarbagnas*, par l'ensemble « Les Arts florissants », dir. William Christie. Donne seulement « La, la, la, la bonjour » et les Grotesques (disque vinyle Harmonia Mundi, HM 10583, 1982 ; reporté à la suite d'*Actéon*, sur CD Harmonia Mundi, HMA 1901095).

CHARPENTIER, Marc-Antoine, *Le Mariage forcé. Les Fous divertissants*, par le New Chamber Opera Ensemble, dir. Gary Cooper. Outre l'ouverture de *La Comtesse d'Escarbagnas*, on trouvera tous les morceaux de *Mariage forcé* édités par John S. Powell (CD GAU 167, 1997).

CHARPENTIER, Marc-Antoine, *Musiques pour les comédies de Molière*, La Symphonie du Marais, dir. Hugo Reyne. Avec l'ouverture de *La Comtesse d'Escarbagnas*, donne la totalité des musiques censément destinées au *Mariage forcé*, répertoriées au n° de catalogue H 494 (CD Musiques à la Chabotterie 65010, 2011).

LE MARIAGE FORCÉ

BALLET DU ROI

Dansé par Sa Majesté, le 29e jour
de janvier 1664

À PARIS,
Par ROBERT BALLARD, seul imprimeur
du Roi pour la musique.

M. DC. LXIV
Avec privilège Sa Majesté

LES ACTEURS DE LA COMÉDIE

SGANARELLE	Molière.
GÉRONIMO	La Thorillière.
DORIMÈNE	Mlle Du Parc.
ALCANTOR	Béjart.
LYCANTE[1]	La Grange.
PREMIÈRE BOHÉMIENNE	Mlle Béjart.
SECONDE BOHÉMIENNE	Mlle de Brie.
PREMIER DOCTEUR	Brécourt.
SECOND DOCTEUR	Du Croisy.

---

1   Tel est le nom du frère de Dorimène dans le livret ; dans la comédie, il
    s'appelle Alcidas.

LE MARIAGE FORCÉ

Ballet du roi

ARGUMENT

Comme il n'y a rien au monde qui soit si commun que le mariage, et que c'est une chose sur laquelle les hommes ordinairement se tournent le plus en ridicules, il n'est pas merveilleux que ce soit toujours la matière de la plupart des comédies, aussi bien que des ballets, qui sont des comédies muettes ; et c'est par là qu'on a pris l'idée de cette comédie-mascarade[2].

ACTE PREMIER

Scène PREMIÈRE
Sganarelle demande conseil au Seigneur Géronimo s'il[3] se doit marier, ou non. Cet ami lui dit franchement que le mariage n'est guère le fait d'un homme de cinquante ans. Mais Sganarelle lui répond qu'il est résolu au mariage ; et l'autre, voyant cette extravagance de demander conseil après une résolution prise[4], lui conseille hautement de se marier, et le quitte en riant.

---

2   Voir la mascarade finale (III, 4), qui explique l'appellation générique retenue pour ce spectacle.

3   Pour savoir s'il.

4   Après avoir pris une résolution.

Scène DEUXIÈME

La maîtresse[5] de Sganarelle arrive, qui lui dit qu'elle est ravie de se marier avec lui, pour pouvoir sortir promptement de la sujétion de son père, et avoir désormais toutes ses coudées franches ; et là-dessus elle lui conte la manière dont elle prétend vivre avec lui, qui sera proprement la naïve peinture[6] d'une coquette[7] achevée. Sganarelle reste seul, assez étonné[8]. Il se plaint, après ce discours, [5] d'une pesanteur de tête épouvantable, et se mettant en un coin du théâtre pour dormir, il voit en songe une femme représentée par Mademoiselle Hilaire, qui chante ce récit.

RÉCIT DE LA BEAUTÉ

Si l'amour vous soumet à ses lois inhumaines,
Choisissez, en aimant, un objet plein d'appas ;
Portez, au moins, de belles chaînes.
Et puisqu'il faut mourir, mourez d'un beau trépas.

Si l'objet de vos feux ne mérite vos peines,
Sous l'empire d'Amour ne vous engagez pas.
Portez, au moins, etc.

---

5   La fiancée.
6   La peinture exacte.
7   La *coquette* cherche à séduire les hommes (sens péjoratif).
8   Abasourdi.

PREMIÈRE ENTRÉE
LA JALOUSIE, LES CHAGRINS[9] ET LES SOUPÇONS.

LA JALOUSIE, le Sieur Dolivet.
LES CHAGRINS, les Sieurs Saint-André et Desbrosses.
LES SOUPÇONS, les Sieurs de Lorge et Le Chantre.

IIᵉ ENTRÉE
QUATRE PLAISANTS OU GOGUENARDS[10].

Le comte d'Armagnac, Messieurs d'Heureux, Beauchamp
et des-Airs le jeune.

ACTE SECOND   [B] [6]

Scène PREMIÈRE
Le Seigneur Géronimo éveille Sganarelle, qui lui veut
conter le songe qu'il vient de faire ; mais il lui répond qu'il
n'entend rien aux songes, et que, sur le sujet du mariage, il
peut consulter deux savants qui sont contents de lui, dont
l'un suit la philosophie d'Aristote et l'autre est pyrrhonien[11].

Scène DEUXIÈME
Il trouve le premier qui l'étourdit de son caquet et ne
le laisse point parler ; ce qui l'oblige à le maltraiter.

---

9   *Chagrins* : inquiétudes, irritations.
10 Un *plaisant* est un bouffon qui affecte de faire rire ; un *goguenard* fait de
    sottes plaisanteries.
11 Le *pyrrhonien* est un philosophe sceptique, d'un scepticisme absolu.

Scène TROISIÈME

Ensuite il rencontre l'autre, qui ne lui répond, suivant sa doctrine, qu'en termes qui ne décident rien. Il le chasse avec colère, et là-dessus arrivent deux Égyptiens et quatre Égyptiennes.

IIIᵉ ENTRÉE   [7]
DEUX ÉGYPTIENS ET QUATRE ÉGYPTIENNES[12].

DEUX ÉGYPTIENS, Le Roi, le marquis de Villeroy.
ÉGYPTIENNES, le marquis de Rassan, les Sieurs Raynal, Noblet, et La Pierre.

Il prend fantaisie à Sganarelle de se faire dire sa bonne aventure, et rencontrant deux Bohémiennes, il leur demande s'il sera heureux en son mariage. Pour réponse, elles se mettent à danser en se moquant de lui, ce qui l'oblige d'aller trouver un magicien.

RÉCIT D'UN MAGICIEN[13]
CHANTÉ PAR MONSIEUR DESTIVAL

Holà !
Qui va là ?

[SGANARELLE
Ami, ami !

---

12   Ce sont des Bohémiens qui disent la bonne aventure.
13   Pour ce récit, il faut compléter le texte du livret, insuffisant, par celui que fournissent les sources musicales, à savoir les manuscrits de Philidor ; je donne ces compléments entre crochets et les intègre dans le texte.

LE MAGICIEN]
Dis-moi vite quel souci
Te peut amener ici.

[SGANARELLE
Bon, celui-là vient d'abord au fait, voilà mon homme.
Je voudrais bien vous consulter sur une certaine affaire
qui m'embarrasse fort l'esprit. C'est que je dois épouser
ce soir une belle et jeune personne que j'aime de tout
mon cœur; mais j'appréhende qu'elle ne me fasse cocu,
ce qui me ferait enrager, et je vous prie de me dire si je ne
pourrais pas éviter un si funeste accident en contractant
ce] mariage.

LE MAGICIEN]
Ce sont de grands mystères
Que ces sortes d'affaires.

[SGANARELLE
Rien n'est impossible à votre art; ne me refusez pas
la grâce que je vous demande. Il ne tient qu'à vous de
m'apprendre quelle doit être ma] [8] destinée.

LE MAGICIEN]
Je te vais, pour cela, par mes charmes[14] *profonds,*
Faire venir quatre Démons.

[SGANARELLE
Gardez-vous-en bien, je vous prie. Je suis le plus timide
et le plus peureux de tous les humains. Les Démons ont le
minois[15] trop hideux, et leur seul aspect me ferait mourir

---

14 *Charmes* : incantations magiques.
15 Le *minois* (le visage) est un mot bas, du style plaisant, dit FUR.

de frayeur. Non, non, ne les faites pas venir, je vous en
conjure, mes yeux ne sont pas accoutumés à voir ces] gens-là.

LE MAGICIEN]
Non, non, n'ayez aucune peur,
Je leur ôterai la laideur.

[SGANARELLE
Mais surtout qu'ils ne s'approchent point de moi que
d'une distance raisonnable. Écoutez, chacun a ses raisons.
Ah! je tremble déjà; au nom de Dieu,] n[e m']effrayez pas.

LE MAGICIEN]
Des puissances invincibles
Rendent depuis longtemps tous les Démons muets;
Mais par signes intelligibles
Ils répondront à tes souhaits.

[Sganarelle se retire dans un coin du Théâtre
et les quatre Démons dansent une entrée.]

IVᵉ ENTRÉE
UN MAGICIEN[16] QUI FAIT SORTIR QUATRE DÉMONS.

LE MAGICIEN, M. Beauchamp.
QUATRE DÉMONS, MM. d'Heureux, de Lorge,
des-Airs l'aîné, et le Mercier.

---

16   Ainsi, comme le remarque Julia Prest dans son édition, on a un Magicien
     qui chante dans la troisième entrée, Destival, et un magicien qui danse
     dans la quatrième entrée, Beauchamp.

Sganarelle les interroge, ils répondent par signes, et sortent en lui faisant les cornes[17].

ACTE TROISIÈME   [9]

Scène PREMIÈRE

Sganarelle, effrayé de ce présage, veut s'aller dégager au père[18], qui, ayant ouï la proposition, lui répond qu'il n'a rien à lui dire, et qu'il lui va tout à l'heure[19] envoyer sa réponse.

Scène DEUXIÈME

Cette réponse est un brave[20] doucereux, son fils, qui vient avec civilité à Sganarelle, et lui fait un petit compliment pour se couper la gorge ensemble[21]. Sganarelle l'ayant refusé, il lui donne quelques coups de bâton, le plus civilement du monde, et ces coups de bâton le portent à demeurer d'accord d'épouser la fille.

Scène TROISIÈME

Sganarelle touche les mains à la fille[22].

---

17 *Faire les cornes* : « Faire un geste de dérision, de moquerie, qui consiste à dresser les deux index au-dessus de la tête pour figurer une paire de cornes » (*T.L.F.*). Le signe est clair, car il signifie les cornes du cocu !

18 Dégager auprès du père de Dorimène la parole qu'il lui a donnée d'épouser sa fille.

19 Tout de suite.

20 Un *brave* est un bretteur, prêt à assassiner. Ici, le fils d'Alcantor feint la douceur, fait le *doucereux*.

21 Lui adresse des paroles civiles pour l'inviter à se battre en duel à mort avec lui.

22 En signe d'accord pour sceller le mariage.

Vᵉ ENTRÉE   [C] [10]
Un Maître à danser représenté par Monsieur Dolivet,
qui vient enseigner une courante[23] à Sganarelle.

Scène QUATRIÈME
Le Seigneur Géronimo vient se réjouir avec son ami,
et lui dit que les jeunes gens de la ville ont préparé une
mascarade pour honorer ses noces.

CONCERT ESPAGNOL,
chanté par La Seignora Anna Bergerotti,
Bordigoni, Chiarini, Ion. Agustín,
Taillavaca, Angelo Michaël.

Ziego[24] me tienes, Belisa ;
Mas bien tus rigores veo,
Porque es tu desdén tan claro
Que pueden verlo los ziegos.

Aunque mi amor es tan grande,   [11]
Como mi dolor no es menos,
Si calla el uno dormido,
Sé que ya es el otro despierto.

Favores tuyos, Belisa,
Tuviéralos yo secretos ;
Mas ya de dolores mios
No puedo azer[25] lo que quiero[26].

---

23 Danse grave et noble à trois temps.
24 Pour *Ciego*, « aveugle ».
25 Pour *hacer* « faire ».
26 « Tu me rends aveugle, Bélise ; / Mais je vois bien tes rigueurs, / Car
    ton dédain est si éclatant / Que les aveugles mêmes peuvent le voir. –
    Si grand que soit mon amour, / Comme ma douleur n'est pas moins

VIe ENTRÉE

DEUX ESPAGNOLS ET DEUX ESPAGNOLES.

Messieurs du Pille et Tartas, ESPAGNOLS.
Messieurs de La Lanne et de Saint-André,
ESPAGNOLES.

VIIe ENTRÉE

UN CHARIVARI[27] GROTESQUE.

Monsieur Lully, les Sieurs Balthasard, Vagnac, Bonnard,
La Pierre, Descouteaux et les trois Opterre frères.

VIIIe ET DERNIÈRE ENTRÉE   [12]

QUATRE GALANTS *cajolant*[28] *la femme de Sganarelle.*

Monsieur le Duc, Monsieur le duc de Saint-Aignan,
Messieurs Beauchamp et Raynal.

FIN

---

grande, Si l'un se tait assoupi, / Je sens aussitôt que l'autre se réveille.
– Tes faveurs, Bélise, / Je les tiendrai secrètes ; / Mais de mes douleurs
enfin / Je ne puis faire ce que je veux. » – La musique de ce Concert
espagnol est perdue.

27 Rappelons qu'un *charivari* était, au sens propre, un concert où se mélan-
geaient les sons discordants et bruyants d'ustensiles de cuisine entrecho-
qués, de crécelles, de cris et de sifflets, qu'il était d'usage d'organiser pour
montrer la réprobation publique devant la conduite choquante d'une
personne, en particulier, comme ici, devant un mariage mal assorti. Les
musiciens de Lully devaient s'en donner à cœur joie pour obtenir de
splendides discordances grotesques en manipulant leurs instruments !

28 *Cajoler* une femme, c'est la courtiser ; gageons ici que les gestes et autres
caresses devaient accompagner les paroles !

LE
MARIAGE
FORCÉ

COMÉDIE

Par I. B. P. DE MOLIÈRE

À PARIS
Chez JEAN RIBOU, au Palais,
vis-à-vis la porte de l'église
de la Sainte-Chapelle,
à l'image Saint-Louis.

M. DC. LXVIII.

AVEC PRIVILÈGE DU ROI.

EXTRAIT DU PRIVILÈGE DU ROI

Par grâce et privilège du roi, donné à Saint-Germain-en-Laye, le 20e jour de février 1668. Signé, par le Roi en son Conseil, MARGERET. Il est permis à J. B. P. DE MOLIÈRE de faire imprimer par tel libraire ou imprimeur qu'il voudra choisir, une pièce de théâtre de sa composition, intitulée *Le Mariage Forcé*, pendant le temps et espace de cinq années entières et accomplies, à commencer du jour qu'elle sera achevée d'imprimer. Et défenses sont faites à tous autres libraires et imprimeurs d'imprimer, ou faire imprimer, vendre et débiter ladite pièce, sans le consentement de l'exposant, ou de ceux qui auront droit de lui ; à peine aux contrevenants de trois mille livres d'amende, confiscation des exemplaires contrefaits, et de tous dépens, dommages et intérêts, ainsi que plus au long il est porté par lesdites Lettres de Privilège.

Et ledit Sieur de MOLIÈRE a cédé et transporté son droit de Privilège à JEAN RIBOU, marchand-libraire à Paris, pour en jouir, suivant l'accord fait entre eux.

Registré sur le livre de la Communauté, suivant l'arrêt de la Cour de Parlement.

Achevé d'imprimer pour la première fois le 9 mars 1668.

PERSONNAGES[29]

SGANARELLE.

GÉRONIMO.

DORIMÈNE, jeune coquette, promise à Sganarelle.

ALCANTOR, père de Dorimène.

ALCIDAS, frère de Dorimène.

LYCASTE, amant[30] de Dorimène.

DEUX ÉGYPTIENNES[31].

PANCRACE, docteur aristotélicien.

MARPHURIUS[32], docteur pyrrhonien.

---

29 Voir le livret pour la distribution.
30 *L'amant* aime et est payé de retour.
31 Deux Bohémiennes.
32 *Pancrace* et *Marphurius* (il est amusant de regarder la composition de ces vocables !) sont des noms de pédants venus d'Italie.

LE MARIAGE FORCÉ [1]

COMÉDIE

Scène PREMIÈRE
SGANARELLE, GÉRONIMO

SGANARELLE

Je suis de retour dans un moment[33]. Que l'on ait bien soin du logis ; et que tout aille com[A][2]me il faut. Si l'on m'apporte de l'argent, que l'on me vienne quérir vite chez le Seigneur Géronimo ; et si l'on vient m'en demander, qu'on dise que je suis sorti, et que je ne dois revenir de toute la journée.

GÉRONIMO

Voilà un ordre fort prudent.

SGANARELLE

Ah ! Seigner Géronimo, je vous trouve à propos ; et j'allais chez vous vous chercher.

GÉRONIMO

Et pour quel sujet, s'il vous plaît ?

SGANARELLE [3]

Pour vous communiquer une affaire que j'ai en tête, et vous prier de m'en dire votre avis.

---

33 Sganarelle sort de chez lui, donne ses dernières instructions et débouche sur la place publique, où il tombe justement sur celui qu'il cherche, Géronimo.

GÉRONIMO

Très volontiers. Je suis bien aise de cette rencontre ; et nous pouvons parler ici en toute liberté.

SGANARELLE

Mettez donc dessus[34], s'il vous plaît. Il s'agit d'une chose de conséquence, que l'on m'a proposée ; et il est bon de ne rien faire sans le conseil de ses amis.

GÉRONIMO

Je vous suis obligé de [A ij] [4] m'avoir choisi pour cela. Vous n'avez qu'à me dire ce que c'est.

SGANARELLE

Mais auparavant, je vous conjure de ne me point flatter[35] du tout, et de me dire nettement votre pensée.

GÉRONIMO

Je le ferai, puisque vous le voulez.

SGANARELLE

Je ne vois rien de plus condamnable qu'un ami qui ne nous parle pas franchement.

GÉRONIMO

Vous avez raison.

SGANARELLE   [5]

Et dans ce siècle, on trouve peu d'amis sincères.

---

34   Couvrez-vous, remettez votre chapeau.
35   *Flatter* : ménager, bercer d'illusions.

GÉRONIMO

Cela est vrai.

SGANARELLE

Promettez-moi donc, Seigneur Géronimo, de me parler
avec toute sorte de franchise.

GÉRONIMO

Je vous le promets.

SGANARELLE

Jurez-en votre foi[36].

GÉRONIMO

Oui, foi d'ami. Dites-moi seulement votre affaire.

SGANARELLE   [A iij] [6]

C'est que je veux savoir de vous si je ferai bien de me
marier.

GÉRONIMO

Qui, vous ?

SGANARELLE

Oui, moi-même en propre personne. Quel est votre
avis là-dessus ?

GÉRONIMO

Je vous prie auparavant de me dire une chose.

SGANARELLE

Et quoi ?

---

36 *Jurer sa foi* : donner sa parole.

GÉRONIMO

Quel âge pouvez-vous bien avoir maintenant ?

SGANARELLE   [7]

Moi ?

GÉRONIMO

Oui.

SGANARELLE

Ma foi, je ne sais ; mais je me porte bien.

GÉRONIMO

Quoi ! Vous ne savez pas, à peu près, votre âge ?

SGANARELLE

Non. Est-ce qu'on songe à cela ?

GÉRONIMO

Hé ! dites-moi un peu, s'il vous plaît. Combien aviez-vous d'années lorsque nous fîmes connaissance ?

SGANARELLE   [8]

Ma foi, je n'avais que vingt ans alors.

GÉRONIMO

Combien fûmes-nous ensemble à Rome ?

SGANARELLE

Huit ans.

GÉRONIMO

Quel temps avez-vous demeuré en Angleterre ?

SGANARELLE

Sept ans.

GÉRONIMO

Et en Hollande, où vous fûtes ensuite ?

SGANARELLE

Cinq ans et demi.

GÉRONIMO   [9]

Combien y a-t-il que vous êtes revenu ici ?

SGANARELLE

Je revins en cinquante-six.

GÉRONIMO

De cinquante-six à soixante-huit[37], il y a douze ans, ce me semble. Cinq ans en Hollande font dix-sept. Sept ans en Angleterre font vingt-quatre. Huit dans notre séjour à Rome font trente-deux. Et vingt que vous aviez quand nous nous connûmes, cela fait justement cinquante-deux. Si bien, Seigneur Sganarelle, que sur votre propre con[10]fession, vous êtes, environ, à votre cinquante-deuxième ou cin-quante-troisième année.

SGANARELLE

Qui, moi ? Cela ne se peut pas.

GÉRONIMO

Mon Dieu, le calcul est juste. Et là-dessus je vous dirai franchement, et en ami, comme vous m'avez fait promettre de vous parler, que le mariage n'est guère votre fait. C'est

---

37   *1668* est la date de la première impression du *Mariage forcé*. Molière a actualisé sa chronologie pour le lecteur.

une chose à laquelle il faut que les jeunes gens pensent bien mûrement avant que de la faire ; mais les gens de vo[11]tre âge n'y doivent point penser du tout. Et si l'on dit que la plus grande de toutes les folies est celle de se marier, je ne vois rien de plus mal à propos que de la faire, cette folie, dans la saison où nous devons être plus sages. Enfin, je vous en dis nettement ma pensée. Je ne vous conseille point de songer au mariage ; et je vous trouverais le plus ridicule du monde si, ayant été libre jusqu'à cette heure, vous alliez vous charger maintenant de la plus pesante des chaînes.

SGANARELLE

Et moi, je vous dis que je [12] suis résolu de me marier ; et que je ne serai point ridicule en épousant la fille que je recherche.

GÉRONIMO

Ah ! c'est une autre chose. Vous ne m'aviez pas dit cela.

SGANARELLE

C'est une fille qui me plaît et que j'aime de tout mon cœur.

GÉRONIMO

Vous l'aimez de tout votre cœur ?

SGANARELLE

Sans doute[38] ; et je l'ai demandée à son père.

GÉRONIMO

Vous l'avez demandée ?

---

38 *Sans doute* : sans aucun doute, assurément.

SGANARELLE   [13]

Oui, c'est un mariage qui se doit conclure ce soir ; et j'ai donné parole.

GÉRONIMO

Oh ! mariez-vous donc. Je ne dis plus mot.

SGANARELLE

Je quitterais le dessein que j'ai fait ? Vous semble-t-il, Seigneur Géronimo, que je ne sois plus propre à songer à une femme ? Ne parlons point de l'âge que je puis avoir ; mais regardons seulement les choses. Y a-t-il homme de trente ans qui paraisse plus frais et plus vigoureux que vous me [B] [14] voyez ? N'ai-je pas tous les mouvements de mon corps aussi bons que jamais ? Et voit-on que j'aie besoin de carrosse, ou de chaise[39], pour cheminer ? N'ai-je pas encore toutes mes dents les meilleures du monde ? Ne fais-je pas vigoureusement mes quatre repas par jour ? Et peut-on voir un estomac[40] qui ait plus de force que le mien ? Hem, hem, hem[41]. Eh ? Qu'en dites-vous ?

GÉRONIMO

Vous avez raison : je m'étais trompé. Vous ferez bien de vous marier.

---

39   Chaise à porteurs, siège fermé porté par deux hommes au moyen de brancards.

40   Le mot *estomac* peut tout à fait être pris au sens actuel, surtout avec le contexte précédent des quatre repas par jour. Mais, au XVIIe siècle, *estomac* signifie aussi « poitrine » ; et, au moment où il se vante de la force de sa poitrine, Sganarelle se met à tousser, signe bien involontaire de faiblesse de la poitrine, qui contredit comiquement son affirmation.

41   Onomatopée de la toux, comme l'indique une didascalie de 1734 – signe que Sganarelle ne se porte pas aussi fort qu'il s'en vante !

SGANARELLE   [15]

J'y ai répugné autrefois ; mais j'ai maintenant de puissantes raisons pour cela. Outre la joie que j'aurai de pos-
séder une belle femme, qui me fera mille caresses, qui me
dorlotera et me viendra frotter[42] lorsque je serai las ; outre
cette joie, dis-je, je considère qu'en demeurant comme je
suis, je laisse périr dans le monde la race des Sganarelles ;
et qu'en me mariant, je pourrai me voir revivre en d'autres
moi-mêmes ; que j'aurai le plaisir de voir des créatures qui
seront sorties de moi ; de pe[B ij][16]tites figures qui me
ressembleront comme deux gouttes d'eau, qui se joueront[43]
continuellement dans la maison, qui m'appelleront leur papa
quand je reviendrai de la ville, et me diront de petites folies
les plus agréables du monde. Tenez, il me semble déjà que
j'y suis, et que j'en vois une demi-douzaine autour de moi.

GÉRONIMO

Il n'y a rien de plus agréable que cela ; et je vous conseille
de vous marier le plus vite que vous pourrez.

SGANARELLE

Tout de bon, vous me le conseillez ?

GÉRONIMO   [17]

Assurément. Vous ne sauriez mieux faire.

SGANARELLE

Vraiment, je suis ravi que vous me donniez ce conseil
en véritable ami.

---

42 Frictionner.
43 *Se jouer* : s'amuser.

GÉRONIMO

Hé ! quelle est la personne, s'il vous plaît, avec qui vous
vous allez marier ?

SGANARELLE

Dorimène.

GÉRONIMO

Cette jeune Dorimène, si galante[44] et si bien parée ?

SGANARELLE

Oui.

GÉRONIMO   [B iij] [18]

Fille du Seigneur Alcantor ?

SGANARELLE

Justement.

GÉRONIMO

Et sœur d'un certain Alcidas, qui se mêle de porter
l'épée[45] ?

SGANARELLE

C'est cela.

GÉRONIMO

Vertu de ma vie !

SGANARELLE

Qu'en dites-vous ?

---

44 Pas seulement élégante ; la *galante* Dorimène aime plaire et doit rechercher
    les aventures amoureuses.
45 Celui qui *porte l'épée* a embrassé la carrière des armes. Mais Alcidas est
    plus un bretteur qu'un noble officier.

GÉRONIMO

Bon parti ! Mariez-vous promptement.

SGANARELLE   [19]

N'ai-je pas raison d'avoir fait ce choix ?

GÉRONIMO

Sans doute[46]. Ah ! que vous serez bien marié ! Dépêchez-vous de l'être.

SGANARELLE

Vous me comblez de joie de me dire cela. Je vous remercie de votre conseil ; et je vous invite ce soir à mes noces.

GÉRONIMO

Je n'y manquerai pas ; et je veux y aller en masque[47], afin de les mieux honorer.

SGANARELLE

Serviteur.

GÉRONIMO   [20]

La jeune Dorimène, fille du Seigneur Alcantor, avec le Seigneur Sganarelle, qui n'a que cinquante-trois ans ? Oh ! le beau mariage ! Oh ! le beau mariage !

SGANARELLE

Ce mariage doit être heureux, car il donne de la joie à tout le monde, et je fais rire tous ceux à qui j'en parle. Me voilà maintenant le plus content des hommes.

---

46 Voir *supra* n. 10.
47 Masqué. Le spectacle originel, d'ailleurs intitulé « comédie-mascarade », se terminait par une mascarade grotesque, annoncée justement par Géronimo en III, 4.

Scène 2   [21]
DORIMÈNE, SGANARELLE

DORIMÈNE

Allons, petit garçon, qu'on tienne bien ma queue[48] ; et qu'on ne s'amuse pas à badiner[49].

SGANARELLE

Voici ma maîtresse qui vient. Ah ! qu'elle est agréable ! Quel air ! et quelle taille ! Peut-il y avoir un homme qui n'ait, en la voyant, des démangeaisons de se marier ? [22] Où allez-vous, belle mignonne, chère épouse future de votre époux futur ?

DORIMÈNE

Je vais faire quelques emplettes.

SGANARELLE

Eh bien ! ma belle, c'est maintenant que nous allons être heureux l'un et l'autre. Vous ne serez plus en droit de me rien refuser[50] ; et je pourrai faire avec vous tout ce qu'il me plaira, sans que personne s'en scandalise. Vous allez être à moi depuis la tête jusqu'aux pieds ; et je serai maître de tout : de vos petits yeux éveillés, de [23] votre petit nez fripon, de vos lèvres appétissantes, de vos oreilles amoureuses, de votre petit menton joli, de vos petits tétons rondelets, de votre... Enfin, toute votre personne sera à ma discrétion ; et je serai à même pour vous caresser comme je voudrai. N'êtes-vous pas bien aise de ce mariage, mon aimable pouponne ?

---

48 Dorimène s'adresse au petit laquais qui porte sa traîne, comme pour une femme de qualité – ce que ne doit pas être Dorimène, pas davantage que son frère le bretteur.

49 Qu'on ne perde pas de temps à des sottises.

50 De me refuser quoi que ce soit (*rien* est positif, venant du latin *rem*).

DORIMÈNE

Tout à fait aise, je vous jure. Car enfin, la sévérité de mon père m'a tenue jusques ici dans une sujétion la plus fâcheuse du monde. Il y a je ne sais combien que j'en[24] rage du peu de liberté qu'il me donne ; et j'ai cent fois souhaité qu'il me mariât, pour sortir promptement de la contrainte où j'étais avec lui, et me voir en état de faire ce que je voudrai. Dieu merci, vous êtes venu heureusement pour cela, et je me prépare désormais à me donner du divertissement, et à réparer comme il faut le temps que j'ai perdu. Comme vous êtes un fort galant homme[51] et que vous savez comme il faut vivre, je crois que nous ferons le meilleur ménage du monde ensemble, et que vous ne serez [25] point de ces maris incommodes, qui veulent que leurs femmes vivent comme des loups-garous[52]. Je vous avoue que je ne m'accommoderais pas de cela, et que la solitude me désespère. J'aime le jeu, les visites, les assemblées, les cadeaux[53] et les promenades ; en un mot toutes les choses de plaisir ; et vous devez être ravi d'avoir une femme de mon humeur. Nous n'aurons jamais aucun démêlé ensemble ; et je ne vous contraindrai point dans vos actions, comme j'espère que de votre côté vous ne me contraindrez point dans les [C] [26] miennes. Car, pour moi, je tiens qu'il faut avoir une complaisance mutuelle, et qu'on ne se doit point marier pour se faire enrager l'un l'autre. Enfin nous vivrons, étant mariés, comme deux personnes qui savent

---

51 Courtois, délicat, qui sait vivre (selon ce qu'explicite exactement la subordonnée suivante).

52 Le mot n'est évidemment pas pris au sens propre (un *loup-garou* désigne quelque fou mélancolique qui erre la nuit et bat ceux qu'ils rencontrent), mais sert à désigner une personne peu sociable, d'humeur farouche, de manières rudes.

53 *Cadeau* : divertissement offert à des dames.

leur monde[54]. Aucun soupçon jaloux ne vous troublera la cervelle ; et c'est assez que vous serez assuré de ma fidélité, comme je serai persuadée de la vôtre. Mais qu'avez-vous ? Je vous vois tout changé de visage.

SGANARELLE

Ce sont quelques vapeurs qui me viennent de monter à la tête.

DORIMÈNE   [27]

C'est un mal aujourd'hui qui attaque beaucoup de gens. Mais notre mariage vous dissipera tout cela. Adieu, il me tarde déjà que je n'aie des habits raisonnables[55], pour quitter vite ces guenilles. Je m'en vais de ce pas achever d'acheter toutes les choses qu'il me faut ; et je vous enverrai les marchands[56].

Scène 3   [C ij] [28]
GÉRONIMO, SGANARELLE

GÉRONIMO

Ah ! Seigneur Sganarelle, je suis ravi de vous trouver encore ici ; et j'ai rencontré un orfèvre, qui sur le bruit[57] que vous cherchiez quelque beau diamant en bague[58], pour faire un présent à votre épouse, m'a fort prié de vous venir parler pour lui et de vous dire qu'il en a un à vendre, [29] le plus parfait du monde.

---

54 *Savoir son monde* : savoir se conduire dans la bonne société.
55 J'ai hâte d'avoir des habits convenables (*raisonnables*).
56 Pour que Sganarelle paie les factures !
57 *Bruit* : nouvelle.
58 Un beau diamant serti sur une bague.

SGANARELLE

Mon Dieu, cela n'est pas pressé.

GÉRONIMO

Comment ? que veut dire cela ? où est l'ardeur que vous
montriez tout à l'heure ?

SGANARELLE

Il m'est venu, depuis un moment, de petits scrupules[59]
sur le mariage. Avant que de passer plus avant, je voudrais
bien agiter à fond cette matière, et que l'on m'expliquât un
songe que j'ai fait cette nuit, et qui vient tout à l'heure[60]
de me revenir dans l'esprit. Vous savez que [C iij] [30] les
songes sont comme des miroirs, où l'on découvre quelquefois
tout ce qui nous doit arriver. Il me semblait que j'étais dans
un vaisseau, sur une mer bien agitée, et que…

GÉRONIMO

Seigneur Sganarelle, j'ai maintenant quelque petite affaire,
qui m'empêche de vous ouïr. Je n'entends rien du tout aux
songes ; et quant au raisonnement du mariage[61], vous avez
deux savants, deux philosophes vos voisins, qui sont gens à
vous débiter[62] tout ce qu'on peut dire sur ce sujet. Comme
ils [31] sont de sectes différentes, vous pouvez examiner
leurs diverses opinions là-dessus. Pour moi, je me contente
de ce que je vous ai dit tantôt, et demeure votre serviteur.

SGANARELLE

Il a raison. Il faut que je consulte un peu ces gens-là
sur l'incertitude où je suis.

---

59 Appréhensions, hésitations.
60 Tout à l'instant.
61 Et pour les réflexions sur le mariage.
62 Exposer (pris non péjorativement).

Scène 4   [32]
PANCRACE, SGANARELLE

PANCRACE[63]

Allez, vous êtes un impertinent[64], mon ami, un homme bannissable de la République des Lettres.

SGANARELLE

Ah ! bon, en voici un fort à propos.

PANCRACE

Oui, je te soutiendrai par vives raisons[65] que tu es un [33] ignorant, ignorantissime, ignorantifiant et ignorantifié[66], par tous les cas et modes imaginables.

SGANARELLE

Il a pris querelle contre quelqu'un. Seigneur...

PANCRACE

Tu veux te mêler de raisonner, et tu ne sais pas seulement les éléments de la raison.

SGANARELLE

La colère l'empêche de me voir. Seigneur...

---

63 Dans son *Déniaisé* de 1652, Gillet de La Tessonnerie faisait paraitre un Pancrace, pédant intarissable.

64 Encore un personne qui entre en scène (qui *sort* [de la coulisse], disait-on au XVIIᵉ siècle) en s'adressant à un interlocuteur invisible, et qui tombe littéralement sur son partenaire du dialogue qui va suivre. Le jeu est ici poursuivi de manière comique pour faire éclater l'acharnement teigneux de Pancrace contre son adversaire invisible, qui l'empêche longtemps de prendre conscience de la présence de Sganarelle. – *Impertinent* : sot.

65 Par de solides raisons.

66 Jolie énumération de dérivés inventés à partir du thème *ignorant*.

PANCRACE

C'est une proposition condamnable dans toutes les terres de la philosophie.

SGANARELLE   [34]

Il faut qu'on l'ait fort irrité. Je...

PANCRACE

Toto coelo, tota via aberras[67].

SGANARELLE

Je baise les mains à Monsieur le Docteur.

PANCRACE

Serviteur[68].

SGANARELLE

Peut-on... ?

PANCRACE

Sais-tu bien ce que tu as fait ? Un syllogisme *in balordo*[69].

SGANARELLE

Je vous...

---

67 Pancrace fabrique cette invective à partir de deux expressions latines empruntées l'une à Érasme, l'autre à Térence. Traduction : « Tu erres loin de la vérité de toute l'étendue du ciel et de tout le chemin que tu as fait ».

68 Après la déférente salutation de Sganarelle, Pancrace est bien obligé de s'apercevoir de la présence dudit et le salue ... avant de l'oublier et de se précipiter à nouveau contre son adversaire ! C'est seulement quand Sganarelle le décorera du nom d'*Aristote* qu'il consentira à l'écouter.

69 Les syllogismes étaient classés en une vingtaine de sortes, chacune avec un nom mnémotechnique. Pancrace invente encore un autre nom pour désigner le syllogisme fait par un balourd (*balordo* en italien).

PANCRACE

La majeure est inepte, [35] la mineure impertinente et
la conclusion ridicule[70].

SGANARELLE

Je...

PANCRACE

Je crèverais plutôt que d'avouer[71] ce que tu dis ; et je
soutiendrai mon opinion jusqu'à la dernière goutte de
mon encre[72].

SGANARELLE

Puis-je...

PANCRACE

Oui, je défendrai cette proposition, *pugnis et calcibus,
unguibus et rostro*[73].

SGANARELLE

Seigneur Aristote, peut-on savoir ce qui vous met [36]
si fort en colère ?

PANCRACE

Un sujet le plus juste du monde.

SGANARELLE

Et quoi encore ?

---

70 On sait que la *majeure*, la *mineure* (ici sotte, *impertinente*) et la *conclusion*
    sont les trois propositions du raisonnement appelé *syllogisme*.
71 *Avouer* : approuver.
72 Plaisanterie par référence à l'expression attendue « la dernière goutte de
    mon sang », qui est ici détournée.
73 « Des poings et des pieds, des ongles et du bec ».

PANCRACE

Un ignorant m'a voulu soutenir une proposition erronée,
une proposition épouvantable, effroyable, exécrable.

SGANARELLE

Puis-je demander ce que c'est ?

PANCRACE

Ah ! Seigneur Sganarelle, tout est renversé aujourd'hui ;
et le monde est [37] tombé dans une corruption générale.
Une licence[74] épouvantable règne partout ; et les magis-
trats, qui sont établis pour maintenir l'ordre dans cet État,
devraient rougir de honte, en souffrant[75] un scandale aussi
intolérable que celui dont je veux parler

SGANARELLE

Quoi donc ?

PANCRACE

N'est-ce pas une chose horrible, une chose qui crie
vengeance au Ciel, que d'endurer qu'on dise publiquement
la forme d'un chapeau ?

SGANARELLE   [D] [38]

Comment ?

PANCRACE

Je soutiens qu'il faut dire la figure d'un chapeau, et non pas
la forme. D'autant qu'il y a cette différence entre la forme et la
figure, que la forme est la disposition extérieure des corps qui
sont animés, et la figure la disposition extérieure des corps qui
sont inanimés ; et puisque le chapeau est un corps inanimé, il

---

74   Un laisser-aller épouvantable.
75   En tolérant.

faut dire la figure d'un chapeau, et non pas la forme[76]. Oui,
ignorant que vous êtes, c'est comme il faut parler ; et ce sont
les ter[39]mes exprès d'Aristote dans le chapitre *De la qualité*.

SGANARELLE

Je pensais que tout fût perdu. Seigneur Docteur, ne
songez plus à tout cela. Je...

PANCRACE

Je suis dans une colère, que je ne me sens pas[77].

SGANARELLE

Laissez la forme et le chapeau en paix. J'ai quelque chose
à vous communiquer. Je ...

PANCRACE

Impertinent fieffé !

SGANARELLE

De grâce, remettez-vous. Je ...

PANCRACE   [D ij] [40]

Ignorant.

SGANARELLE

Eh ! mon Dieu ! Je ...

PANCRACE

Me vouloir soutenir une proposition de la sorte !

---

76   Les philosophies scolastiques distinguaient en effet la *figure* (disposition
     des parties extérieures du corps) et la *forme* (disposition des paries inté-
     rieures). Dans les *Catégories* d'Aristote, on trouve bien un chapitre « De
     la qualité » (chapitre VIII).
77   Dans une colère telle que je suis incapable de me maîtriser.

SGANARELLE

Il a tort. Je …

PANCRACE

Une proposition condamnée par Aristote !

SGANARELLE

Cela est vrai. Je …

PANCRACE

En termes exprès !

SGANARELLE

Vous avez raison. Oui, vous êtes un sot et un im[41] pudent[78], de vouloir disputer contre un Docteur qui sait lire et écrire. Voilà qui est fait ; je vous prie de m'écouter. Je viens vous consulter sur une affaire qui m'embarrasse. J'ai dessein de prendre une femme pour me tenir compagnie dans mon ménage. La personne est belle et bien faite ; elle me plaît beaucoup et est ravie de m'épouser. Son père me l'a accordée ; mais je crains un peu ce que vous savez, la disgrâce dont on ne plaint personne[79]. Et je voudrais bien vous prier, comme philosophe, de me dire votre [D iij] [42] sentiment. Eh ! quel est votre avis là-dessus ?

PANCRACE

Plutôt que d'accorder qu'il faille dire la forme d'un chapeau, j'accorderais que *datur vacuum in rerum natura*[80], et que je ne suis qu'une bête.

---

78   Sganarelle, pour apaiser Pancrace et le faire se tourner vers lui feint de prendre son parti et d'insulter lui aussi le fautif sur qui s'acharne le pédant.

79   Le cocuage, évidemment.

80   Accorder qu'il y a du vide dans la nature serait une hérésie selon Aristote, qui proclame que « la nature a horreur du vide ».

SGANARELLE

La peste soit de l'homme ! Eh ! Monsieur le Docteur,
écoutez un peu les gens. On vous parle une heure durant,
et vous ne répondez point à ce qu'on vous dit.

PANCRACE

Je vous demande pardon. Une juste colère m'occupe
l'esprit.

SGANARELLE   [43]

Eh ! laissez tout cela ; et prenez la peine de m'écouter.

PANCRACE

Soit. Que voulez-vous me dire ?

SGANARELLE

Je veux vous parler de quelque chose.

PANCRACE

Et de quelle langue voulez-vous vous servir avec moi ?

SGANARELLE

De quelle langue ?

PANCRACE

Oui.

SGANARELLE   [44]

Parbleu, de la langue que j'ai dans la bouche ; je crois
que je n'irai pas emprunter celle de mon voisin.

PANCRACE

Je vous dis de quel idiome, de quel langage.

SGANARELLE

Ah! c'est une autre affaire.

PANCRACE

Voulez-vous me parler italien?

SGANARELLE

Non.

PANCRACE

Espagnol?

SGANARELLE

Non.

PANCRACE   [45]

Allemand?

SGANARELLE

Non.

PANCRACE

Anglais?

SGANARELLE

Non.

PANCRACE

Latin.

SGANARELLE

Non.

PANCRACE

Grec ?

SGANARELLE

Non.

PANCRACE

Hébreux ?

SGANARELLE   [46]

Non.

PANCRACE

Syriaque ?

SGANARELLE

Non.

PANCRACE

Turc ?

SGANARELLE

Non.

PANCRACE

Arabe ?

SGANARELLE

Non, non, français.

PANCRACE

Ah ! français !

SGANARELLE

Fort bien.

PANCRACE   [47]

Passez donc de l'autre côté, car cette oreille-ci est destinée
pour les langues scientifiques et étrangères, et l'autre est
pour la maternelle.

SGANARELLE

Il faut bien des cérémonies avec ces sortes de gens-ci !

PANCRACE

Que voulez-vous ?

SGANARELLE

Vous consulter sur une petite difficulté.

PANCRACE

Sur une difficulté de philosophie, sans doute ?

SGANARELLE

Pardonnez-moi. Je …

PANCRACE   [48]

Vous voulez peut-être savoir si la substance et l'accident
sont termes synonymes ou équivoques, à l'égard de l'être[81] ?

SGANARELLE

Point du tout. Je …

PANCRACE

Si la logique est un art ou une science ?

---

81 Question métaphysique bien obscure ! On repère des concepts aristotéliciens
bien connus, comme la *substance* et *l'accident* qui composent un *être*.

SGANARELLE

Ce n'est pas cela. Je ...

PANCRACE

Si elle a pour objet les trois opérations de l'esprit, ou la troisième seulement[82] ?

SGANARELLE

Non. Je ...

PANCRACE   [49]

S'il y a dix catégories[83], ou s'il n'y en a qu'une ?

SGANARELLE

Point. Je ...

PANCRACE

Si la conclusion est de l'essence du syllogisme ?

SGANARELLE

Nenni. Je ...

PANCRACE

Si l'essence du bien est mise dans l'appétibilité, ou dans la convenance[84] ?

SGANARELLE

Non. Je ...

---

82 Trois opérations de l'entendement font l'objet de la logique, selon FUR. : l'appréhension, le discernement et le raisonnement.

83 Après Aristote, les philosophies ont distingué divers catégories (comme la substance, la quantité ou la qualité, etc.).

84 Note de l'édition de Georges Couton : « Problème de morale : le bien existe-t-il dans notre manière de sentir ou dans la nature des choses ? Est-il objectif ou subjectif ? Y a-t-il un bien en soi ? » (t. I, p. 1313).

PANCRACE

Si le bien se réciproque avec la fin[85] ?

SGANARELLE   [E] [50]

Eh ! non. Je …

PANCRACE

Si la fin nous peut émouvoir par son être réel, ou par
son être intentionnel[86] ?

SGANARELLE

Non, non, non, non, non, de par tous les diables, non.

PANCRACE

Expliquez donc votre pensée, car je ne puis pas la deviner.

SGANARELLE

Je vous la veux expliquer aussi ; mais il faut m'écouter.

SGANARELLE,
en même temps que le Docteur.

L'affaire que j'ai à vous [51] dire, c'est que j'ai envie de
me marier avec une fille qui est jeune et belle. Je l'aime fort
et l'ai demandée à son père. Mais comme j'appréhende…

PANCRACE,
en même temps que Sganarelle.

La parole a été donnée à l'homme pour expliquer sa
pensée ; et tout ainsi que les pensées sont les portraits des

---

85 *Idem* : « Tout bien est-il une fin et réciproquement toute fin est-elle un
    bien ? » (*ibid.*, p. 1315).

86 Où l'on retrouverait le problème de l'objectivité et de la subjectivité
    (l'attrait d'une fin est en elle ou en nous ?). – Toutes ces questions étaient
    agitées par les aristotéliciens du XVIIe siècle.

choses, de même nos paroles sont-elles les portraits de nos
pensées[a]. Mais ces portraits diffèrent des autres portraits,
en ce que les autres portraits sont distingués partout de
leurs originaux, et que la [E ij] [52] parole enferme en soi
son original, puisqu'elle n'est autre chose que la pensée,
expliquée par un signe extérieur. D'où vient que ceux
qui pensent bien sont aussi ceux qui parlent le mieux.
Expliquez-moi donc votre pensée par la parole, qui est le
plus intelligible de tous les signes.

SGANARELLE[b].
Il repousse le Docteur dans sa maison,
et tire la porte pour l'empêcher de sortir.
Au diable les savants qui ne veulent point écouter les
gens. On me l'avait bien dit, que son maître Aristote n'était
rien qu'un bavard. [53] Il faut que j'aille trouver l'autre ; il
est plus posé et plus raisonnable. Holà !

Scène 5
MARPHURIUS, SGANARELLE

MARPHURIUS
Que voulez-vous de moi, Seigneur Sganarelle ?

SGANARELLE
Seigneur Docteur, j'aurais besoin de votre conseil sur
une petite affaire dont il s'agit ; et je suis venu ici [E iij]
[54] pour cela. Ah ! voilà qui va bien. Il écoute le monde,
celui-ci.

MARPHURIUS
Seigneur Sganarelle, changez, s'il vous plaît, cette façon
de parler. Notre philosophie ordonne de ne point énoncer

de proposition décisive ; de parler de tout avec incertitude ; de suspendre toujours son jugement[87]. Et par cette raison, vous ne devez pas dire : « Je suis venu », mais : « Il me semble que je suis venu ».

SGANARELLE

Il me semble !

MARPHURIUS   [55]

Oui.

SGANARELLE

Parbleu ! il faut bien qu'il me le semble, puisque cela est.

MARPHURIUS

Ce n'est pas une conséquence ; et il peut vous sembler, sans que la chose soit véritable.

SGANARELLE

Comment, il n'est pas vrai que je suis venu ?

MARPHURIUS

Cela est incertain ; et nous devons douter de tout.

SGANARELLE

Quoi ! je ne suis pas ici, [59] et vous ne me parlez pas ?

MARPHURIUS

Il m'apparaît que vous êtes là et il me semble que je vous parle ; mais il n'est pas assuré que cela soit.

---

87   Le philosophe sceptique ou pyrrhonien doute de tout et ne tranche sur rien ; il reste dans une incertitude absolue.

SGANARELLE

Eh ! que diable, vous vous moquez. Me voilà, et vous voilà bien nettement ; et il n'y a point de *me semble* à tout cela. Laissons ces subtilités, je vous prie ; et parlons de mon affaire. Je viens vous dire que j'ai envie de me marier.

MARPHURIUS

Je n'en sais rien.

SGANARELLE   [57]

Je vous le dis.

MARPHURIUS

Il se peut faire.

SGANARELLE

La fille que je veux prendre est fort jeune et fort belle.

MARPHURIUS

Il n'est pas impossible.

SGANARELLE

Ferai-je bien, ou mal, de l'épouser ?

MARPHURIUS

L'un, ou l'autre.

SGANARELLE

Ah ! ah ! voici une autre musique. Je vous demande si je ferai bien d'épouser la [58] fille dont je vous parle.

MARPHURIUS

Selon la rencontre[88].

---

88   Selon la circonstance.

SGANARELLE

Ferai-je mal ?

MARPHURIUS

Par aventure[89].

SGANARELLE

De grâce, répondez-moi comme il faut.

MARPHRIUS

C'est mon dessein.

SGANARELLE

J'ai une grande inclination pour la fille.

MARPHURIUS

Cela peut être.

SGANARELLE

Le père me l'a accordée.

MARPHURIUS   [59]

Il se pourrait.

SGANARELLE

Mais, en l'épousant, je crains d'être cocu.

MARPHURIUS

La chose est faisable.

SGANARELLE

Qu'en pensez-vous ?

---

89   Par hasard.

MARPHURIUS

Il n'y a pas d'impossibilité.

SGANARELLE

Mais que feriez-vous, si vous étiez en ma place ?

MARPHURIUS

Je ne sais.

SGANARELLE

Que me conseillez-vous de faire ?

MARHURIUS   [60]

Ce qui vous plaira.

SGANARELLE

J'enrage !

MARPHURIUS

Je m'en lave les mains.

SGANARELLE

Au diable soit le vieux rêveur !

MARPHURIUS

Il en sera ce qui pourra.

SGANARELLE

La peste du bourreau ! Je te ferai changer de note, chien
de philosophe enragé[90].

MARPHURIUS

Ah, ah, ah !

---

90   1682 précise le jeu de scène : Sganarelle prend un bâton et bat Marphurius.

SGANARELLE

Te voilà payé de ton gali[61]matias ; et me voilà content.

MARPHURIUS

Comment ? quelle insolence ! m'outrager de la sorte ! avoir eu l'audace de battre un philosophe comme moi !

SGANARELLE

Corrigez, s'il vous plaît, cette manière de parler. Il faut douter de toutes choses ; et vous ne devez pas dire que je vous ai battu, mais qu'il vous semble que je vous ai battu

MARPHURIUS

Ah ! je m'en vais faire ma plainte au commissaire du quartier des coups que j'ai reçus.

SGANARELLE   [F] [62]

Je m'en lave les mains.

MARPHURIUS

J'en ai les marques sur ma personne.

SGANARELLE

Il se peut faire.

MARPHURIUS

C'est toi qui m'as traité ainsi.

SGANARELLE

Il n'y a pas d'impossibilité.

MARPHURIUS

J'aurai un décret[91] contre toi.

---

91   Un ordre à comparaître.

SGANARELLE

Je n'en sais rien.

MARPHURIUS

Et tu seras condamné en justice.

SGANARELLE   [63]

Il en sera ce qui pourra.

MARPHURIUS

Laisse-moi faire.

SGANARELLE

Comment ? on ne saurait tirer une parole positive de ce chien d'homme-là ! et l'on est aussi savant à la fin qu'au commencement ! Que dois-je faire dans l'incertitude des suites de mon mariage ? Jamais homme ne fut plus embarrassé que je suis. Ah ! voici des Égyptiennes. Il faut que je me fasse dire par elles ma bonne aventure.

Scène 6   [F ij] [64]

DEUX ÉGYPTIENNES, SGANARELLE

Les Égyptiennes, avec leurs tambours de Basque,
entrent en chantant et dansant.

SGANARELLE

Elles sont gaillardes[92]. Écoutez, vous autres, y a-t-il moyen de me dire ma bonne fortune ?

PREMIÈRE ÉGYPTIENNE

Oui, mon bon Monsieur, nous voici deux que te la diront.

---

92   Ces Bohémiennes sont gaies, pleines d'entrain.

SECONDE ÉGYPTIENNE
Tu n'as seulement qu'à [65] nous donner ta main, avec la croix[93] dedans ; et nous te dirons quelque chose pour ton bon profit.

SGANARELLE
Tenez, les voilà toutes deux, avec ce que vous demandez.

PREMIÈRE ÉGYPTIENNE
Tu as une bonne physionomie, mon bon Monsieur, une bonne physionomie.

SECONDE ÉGYTIENNE
Oui, bonne physionomie. Physionomie d'un homme qui sera un jour quelque chose.

PREMIÈRE ÉGYPTIENNE
Tu seras marié avant qu'il [F iij] [66] soit peu, mon bon Monsieur ; tu seras marié avant qu'il soit peu.

SECONDE ÉGYPTIENNE
Tu épouseras une femme gentille, une femme gentille.

PREMIÈRE ÉGYPTIENNE
Oui, une femme qui sera chérie et aimée de tout le monde.

SECONDE EGYPTIENNE
Une femme qui te fera beaucoup d'amis, mon bon Monsieur ; qui te fera beaucoup d'amis.

PREMIÈRE ÉGYPTIENNE
Une femme qui fera venir l'abondance chez toi.

---

93 Avec une pièce de monnaie marquée d'une *croix*.

SECONDE ÉGYPTIENNE   [67]
Une femme qui te donnera une grande réputation.

PREMIERE EGYPTIENNE
Tu seras considéré par elle, mon bon Monsieur ; tu seras considéré par elle.

SGANARELLE
Voilà qui est bien. Mais, dites-moi un peu, suis-je menacé d'être cocu[94] ?

SECONDE ÉGYPTIENNE
Cocu ?

SGANARELLE
Oui.

PREMIÈRE ÉGYPTIENNE
Cocu ?

SGANARELLE   [68]
Oui, si je suis menacé d'être cocu ?

Toutes deux chantent et dansent : La, la, la, la…

SGANARELLE
Que diable ! ce n'est pas là me répondre. Venez çà. Je vous demande à toutes deux si je serai cocu ?

SECONDE ÉGYPTIENNE
Cocu, vous ?

---

94 Sganarelle n'a pas compris les réponses plaisantes des Égyptiennes qui, de manière détournée mais claire, lui signifient qu'il sera cocu.

SGANARELLE

Oui, si je serai cocu.

PREMIÈRE ÉGYPTIENNE

Vous, cocu ?

SGANARELLE

Oui, si je le serai, on non ?

Toutes deux chantent et dansent : La, la, la, la…   [69]

SGANARELLE

Peste soit des carognes[95], qui me laissent dans l'inquiétude ! Il faut absolument que je sache la destinée de mon mariage. Et pour cela, je veux aller trouver ce grand magicien, dont tout le monde parle tant, et qui par son art admirable fait voir tout ce que l'on souhaite. Ma foi, je crois que je n'ai que faire d'aller au magicien, et voici qui[96] me montre tout ce que je puis demander.

Scène 7   [70]

DORIMÈNE, LYCASTE, SGANARELLE

LYCASTE

Quoi ? belle Dorimène, c'est sans raillerie que vous parlez ?

DORIMÈNE

Sans raillerie.

─────────────

95 Une *carogne* est une femme débauchée ; mais le terme est devenu une injure assez vague.
96 Il aperçoit Dorimène avec son galant.

LYCASTE

Vous vous mariez tout de bon ?

DORIMÈNE

Tout de bon.

LYCASTE

Et vos noces se feront dès ce soir ?

DORIMÈNE   [71]

Dès ce soir.

LYCASTE

Et vous pouvez, cruelle que vous êtes, oublier de la sorte l'amour que j'ai pour vous, et les obligeantes paroles que vous m'aviez données ?

DORIMÈNE

Moi ? point du tout. Je vous considère toujours de même ; et ce mariage ne doit point vous inquiéter. C'est un homme que je n'épouse point par amour ; et sa seule richesse me fait résoudre à l'accepter. Je n'ai point de bien. Vous n'en avez point [72] aussi[97] ; et vous savez que sans cela on passe mal le temps au monde ; et qu'à quelque prix que ce soit, il faut tâcher d'en avoir. J'ai embrassé cette occasion-ci de me mettre à mon aise ; et je l'ai fait sur l'espérance de me voir bientôt délivrée du barbon que je prends. C'est un homme qui mourra avant qu'il soit peu, et qui n'a tout au plus que six mois dans le ventre. Je vous le garantis défunt dans le temps que je dis ; et je n'aurai pas longuement à demander pour moi au Ciel l'heureux état de veuve. Ah[98] !

97 Non plus.
98 Dorimène aperçoit alors Sganarelle…et change de discours.

nous parlions de vous, et nous [73] en disions tout le bien
qu'on en saurait dire.

LYCASTE

Est-ce là Monsieur… ?

DORIMÈNE

Oui, c'est Monsieur qui me prend pour femme.

LYCASTE

Agréez, Monsieur, que je vous félicite de votre mariage,
et vous présente en même temps mes très humbles services.
Je vous assure que vous épousez là une très honnête personne. Et vous, Mademoiselle, je me réjouis avec vous aussi
de l'heureux choix que vous avez fait. Vous ne pouviez pas
mieux [G] [74] trouver ; et Monsieur a toute la mine d'être
un fort bon mari. Oui, Monsieur, je veux faire amitié avec
vous, et lier ensemble un petit commerce[99] de visites et de
divertissements.

DORIMÈNE

C'est trop d'honneur que vous nous faites à tous deux.
Mais allons, le temps me presse ; et nous aurons tout le
loisir de nous entretenir ensemble.

SGANARELLE

Me voilà tout à fait dégoûté de mon mariage ; et je crois
que je ne ferai pas mal de m'aller dégager de ma pa[75]
role. Il m'en a coûté quelque argent ; mais il vaut mieux
encore perdre cela que de m'exposer à quelque chose de
pis. Tâchons adroitement de nous débarrasser de cette
affaire. Holà !

---

99 *Commerce* : relations.

Scène 8

ALCANTOR, SGANARELLE

ALCANTOR

Ah! mon gendre, soyez le bienvenu!

SGANARELLE

Monsieur, votre serviteur[100].

ALCANTOR   [G ij] [76]

Vous venez pour conclure le mariage?

SGANARELLE

Excusez-moi.

ALCANTOR

Je vous promets que j'en ai autant d'impatience que vous.

SGANARELLE

Je viens ici pour autre sujet.

ALCANTOR

J'ai donné ordre à toutes les choses nécessaires pour cette fête.

SGANARELLE

Il n'est pas question de cela.

ALCANTOR   [77]

Les violons sont retenus, le festin est commandé; et ma fille est parée pour vous recevoir.

---

100 C'est ici la formule de politesse déférente.

SGANARELLE

Ce n'est pas ce qui m'amène.

ALCANTOR

Enfin, vous allez être satisfait ; et rien ne peut retarder votre contentement.

SGANARELLE

Mon Dieu, c'est autre chose.

ALCANTOR

Allons, entrez donc, mon gendre.

SGANARELLE   [G iij] [78]

J'ai un petit mot à vous dire.

ALCANTOR

Ah ! mon Dieu, ne faisons point de cérémonie : entrez vite, s'il vous plaît.

SGANARELLE

Non, vous dis-je, je vous veux parler auparavant.

ALCANTOR

Vous voulez me dire quelque chose ?

SGANARELLE

Oui.

ALCANTOR

Et quoi ?

SGANARELLE

Seigneur Alcantor, j'ai [79] demandé votre fille en mariage, il est vrai ; et vous me l'avez accordée. Mais je me trouve un peu avancé en âge pour elle, et je considère que je ne suis point du tout son fait.

ALCANTOR

Pardonnez-moi. Ma fille vous trouve bien comme vous êtes ; et je suis sûr qu'elle vivra fort contente avec vous.

SGANARELLE

Point. J'ai parfois des bizarreries[101] épouvantables ; et elle aurait trop à souffrir de ma mauvaise humeur.

ALCANTOR   [80]

Ma fille a de la complaisance ; et vous verrez qu'elle s'accommodera entièrement à vous.

SGANARELLE

J'ai quelques infirmités sur mon corps, qui pourraient la dégoûter.

ALCANTOR

Cela n'est rien. Une honnête femme ne se dégoûte jamais de son mari.

SGANARELLE

Enfin, voulez-vous que je vous dise ? Je ne vous conseille pas de me la donner.

ALCANTOR

Vous moquez-vous ? J'ai[81]merais mieux mourir, que d'avoir manqué à ma parole.

---

101 Extravagances, folies.

SGANARELLE

Mon Dieu, je vous en dispense, et je…

ALCANTOR

Point du tout. Je vous l'ai promise ; et vous l'aurez en dépit de tous ceux qui y prétendent.

SGANARELLE

Que diable !

ALCANTOR

Voyez-vous, j'ai une estime et une amitié pour vous toute particulière ; et je refuserais ma fille à un prince pour vous la donner.

SGANARELLE   [82]

Seigneur Alcantor, je vous suis obligé de l'honneur que vous me faites ; mais je vous déclare que je ne me veux point marier.

ALCANTOR

Qui, vous ?

SGANARELLE

Oui, moi.

ALCANTOR

Et la raison ?

SGANARELLE

La raison, c'est que je ne me sens point propre pour le mariage ; et que je veux imiter mon père et tous ceux de ma race, qui ne se sont jamais voulu marier[102].

---

102 Plaisanterie commune dans la tradition comique.

ALCANTOR   [83]
Écoutez, les volontés sont libres ; et je suis homme à ne contraindre jamais personne. Vous vous êtes engagé avec moi pour épouser ma fille ; et tout est préparé pour cela. Mais puisque vous voulez retirer votre parole, je vais voir ce qu'il y a à faire ; et vous aurez bientôt de mes nouvelles.

SGANARELLE
Encore est-il plus raisonnable que je ne pensais ; et je croyais avoir bien plus de peine à m'en dégager. Ma foi, quand j'y songe, j'ai fait fort sagement de me tirer de [84] cette affaire ; et j'allais faire un pas, dont je me serais peut-être longtemps repenti. Mais voici le fils qui me vient rendre réponse.

Scène 9
ALCIDAS, SGANARELLE

ALCIDAS, *parlant toujours d'un ton doucereux.*
Monsieur, je suis votre serviteur très humble.

SGANARELLE
Monsieur, je suis le vôtre de tout mon cœur.

ALCIDAS   [85]
Mon père m'a dit, Monsieur, que vous vous étiez venu dégager de la parole que vous aviez donnée.

SGANARELLE
Oui, Monsieur, c'est avec regret ; mais…

ALCIDAS
Oh ! Monsieur, il n'y a pas de mal à cela.

SGANARELLE

J'en suis fâché, je vous assure ; et je souhaiterais…

ALCIDAS

Cela n'est rien, vous dis-je. (*Lui présentant deux épées.*)
Monsieur, prenez la peine de choisir de ces deux épées
laquelle vous voulez.

SGANARELLE

De ces deux épées ?

ALCIDAS   [H] [86]

Oui, s'il vous plaît.

SGANARELLE

À quoi bon ?

ALCIDAS

Monsieur, comme vous refusez d'épouser ma sœur, après
la parole donnée, je crois que vous ne trouverez pas mauvais
le petit compliment que je viens vous faire[103].

SGANARELLE

Comment ?

ALCIDAS

D'autres gens feraient du bruit et s'emporteraient contre
vous. Mais nous sommes personnes à traiter les choses
dans la douceur ; et je viens vous dire civilement qu'il
faut, si vous le trouvez bon, que nous nous coupions la
gorge ensemble.

---

103 Les paroles civiles que je viens de vous adresser, … lesquelles sont une
   invitation à se battre en duel à cause de la rupture de la parole.

SGANARELLE   [87]
Voilà un compliment fort mal tourné.

ALCIDAS
Allons, Monsieur, choisissez, je vous prie.

SGANARELLE
Je suis votre valet[104]. Je n'ai point de gorge à me couper.
La vilaine façon de parler que voilà !

ALCIDAS
Monsieur, il faut que cela soit, s'il vous plaît.

SGANARELLE
Eh ! Monsieur, rengainez ce compliment, je vous prie.

ALCIDAS
Dépêchons vite, monsieur ! j'ai une petite affaire[105] qui
m'attend.

SGANARELLE
Je ne veux point de cela, vous dis-je.

ALCIDAS   [H ij] [88]
Vous ne voulez pas vous battre ?

SGANARELLE
Nenni, ma foi.

ALCIDAS
Tout de bon ?

---

104 La formule, qui peut être une formule d'adieu, marque ici le refus.
105 Certainement encore une *affaire* d'honneur, un duel.

SGANARELLE

Tout de bon.

ALCIDAS[106]

Au moins, Monsieur, vous n'avez pas lieu de vous plaindre ; et vous voyez que je fais les choses dans l'ordre. Vous nous manquez de parole, je me veux battre contre vous ; vous refusez de vous battre, je vous donne des coups de bâton, tout cela est dans les formes. Et vous êtes trop honnête homme pour ne pas approuver mon procédé.

SGANARELLE

Quel diable d'homme est-ce ci ?

ALCIDAS   [89]

Allons, Monsieur, faites les choses galamment[107], et sans vous faire tirer l'oreille.

SGANARELLE

Encore !

ALCIDAS

Monsieur, je ne contrains personne ; mais il faut que vous vous battiez, ou que vous épousiez ma sœur.

SGANARELLE

Monsieur, je ne puis faire ni l'un ni l'autre, je vous assure.

ALCIDAS

Assurément ?

---

106 Comme le bourgeois craintif Sganarelle a refusé de se battre en duel et
      de se conduire en homme d'honneur, Alcidas lui donne alors des coups
      de bâton, comme à un valet.
107 Avec élégance. Et Alcidas lui présente encore les deux épées.

SGANARELLE

Assurément.

ALCIDAS

Avec votre permission, donc[108] …

SGANARELLE

Ah, ah, ah, ah !

ALCIDAS   [90]

Monsieur, j'ai tous les regrets du monde d'être obligé d'en user ainsi avec vous ; mais je ne cesserai point, s'il vous plaît, que vous n'ayez promis de vous battre, ou d'épouser ma sœur[109].

SGANARELLE

Eh bien ! j'épouserai, j'épouserai…

ALCIDAS

Ah ! Monsieur, je suis ravi que vous vous mettiez à la raison, et que les choses se passent doucement. Car enfin vous êtes l'homme du monde que j'estime le plus, je vous jure ; et j'aurais été au désespoir que vous m'eussiez contraint à vous maltraiter. Je vais appeler mon père, pour lui dire que tout est d'accord.

---

108 Nouveaux coups de bâton devant le nouveau refus de Sganarelle.
109 La didascalie de 1682 précise qu'Alcidas lève encore une fois le bâton, par menace.

Scène 10   [91]
ALCANTOR, ALCIDAS, SGANARELLE
[, DORIMÈNE]

ALCIDAS
Mon père, voilà Monsieur qui est tout à fait raisonnable.
Il a voulu faire les choses de bonne grâce ; et vous pouvez
lui donner ma sœur.

ALCANTOR
Monsieur, voilà sa main[110] ; vous n'avez qu'à donner la
vôtre. Loué soit le Ciel ! m'en voilà déchargé ; et c'est vous
désormais que regarde le soin de sa conduite. Allons nous
réjouir et célébrer cet heureux mariage.

FIN

---

110 Dorimène est donc bien présente dans cette dernière scène, bien que ne
figurant pas dans la liste des interlocuteurs (nous l'ajoutons).

VARIANTES DE 1682
POUR LA SCÈNE 4

a. Didascalie ajoutée en 1682 : *Sganarelle ferme la bouche du Docteur avec sa main à plusieurs reprises; et le Docteur continue de parler, d'abord que[1] Sganarelle ôte sa main.*

b. À partir de là, en 1682, toute la fin de la scène est refaite et développée :

SGANARELLE
*(Il repousse le Docteur dans sa maison
et pousse la porte pour l'empêcher de sortir.)*

Peste de l'homme !

PANCRACE,
au-dedans de la maison.

Oui, la parole *est animi index, et speculum.* C'est le truchement du cœur, c'est l'image de l'âme[2]. (*Pancrace monte à la fenêtre et continue, et Sganarelle quitte la porte.*) C'est un miroir qui nous représente naïvement[3] les secrets les plus *arcanes*[4] *de nos individus.* Et puisque vous avez la faculté de ratiociner[5], et de parler tout ensemble, à quoi tient-il que vous ne vous serviez de la parole pour me faire entendre votre pensée ?

SGANARELLE

C'est ce que je veux faire ; mais vous ne voulez pas m'écouter.

PANCRACE

Je vous écoute, parlez.

---

1   Dès que.
2   À peu de choses près, c'est la traduction du passage latin.
3   Avec naturel, sincérité.
4   *Arcane* est employé comme adjectif au sens de « secret » au XVIe siècle.
5   *Ratiociner* : raisonner (terme de philosophie).

SGANARELLE

Je dis donc, Monsieur le Docteur, que…

SGANARELLE

Mais, surtout, soyez bref.

SGANARELLE

Je le serai.

PANCRACE

Évitez la prolixité.

SGANARELLE

Hé ! Monsi …

PANCRACE

Tranchez-moi votre discours d'un apophtegme à la laconienne[6].

SGANARELLE

Je vous …

PANCRACE

Point d'ambages[7], de circonlocution. (*Sganarelle, de dépit de ne pouvoir parler, ramasse des pierres pour en casser la tête du Docteur.*) Hé quoi ? Vous vous emportez, au lieu de vous expliquer. Allez, vous êtes plus impertinent[8] que celui qui m'a voulu soutenir qu'il faut dire la forme d'un chapeau ; et je vous prouverai, en toute rencontre, par raisons démonstratives et convaincantes, et par arguments *in barbara*[9], que vous n'êtes et ne serez jamais qu'une pécore[10], et que je suis et serai toujours, *in utroque jure*[11], le Docteur Pancrace.

Le Docteur sort de la maison.

------

6   C'est-à-dire : abrégez votre propos en utilisant quelque sentence brève
     (*apophtegme*) à la manière brève des Spartiates (Sparte était en *Laconie*).
7   Pas de détours de langage, de circonlocutions.
8   Voir la note 36.
9   C'est le nom de la première variété de syllogisme.
10   *Pécore* : personne stupide (au sens propre la *pécore* est la bête, l'animal).
11   Pancrace est docteur dans l'un et l'autre droit (*in utroque jure*), le droit
     civil et le droit canon.

SGANARELLE

Quel diable de babillard!

PANCRACE

Homme de lettres, homme d'érudition.

SGANARELLE

Encore...

PANCRACE

Homme de suffisance[12], homme de capacité (*s'en allant*), homme consommé dans toutes les sciences naturelles, morales et politiques (*revenant*), homme savant, savantissime *per omnes modos et casus*[13] (*s'en allant*), homme qui possède, *superlative*[14], fables, mythologies et histoires (*revenant*), grammaire, poésie, rhétorique, dialectique et sophistique (*s'en allant*), mathématique, arithmétique, optique, onirocritique[15], physique et métaphysique (*revenant*), cosmimométrie[16], géométrie, architecture, spéculoire et spéculatoire[17] (*en s'en allant*), médecine, astronomie, astrologie, physionomie[18], métoposcopie[19], chiromancie[20], géomancie[21], etc.

SGANARELLE (*Il repousse le Docteur dans sa maison,*
et tire la porte pour l'empêcher de sortir.)

Au diable les savants qui ne veulent point écouter les gens! On me l'avait bien dit que son maître Aristote n'était qu'un bavard. Il faut que j'aille trouver l'autre; il est plus posé et plus raisonnable. Holà!

---

12 *Suffisance* : capacité.

13 Dans tous les cas et tous les modes.

14 De manière superlative, au superlatif.

15 La science d'interpréter les songes.

16 La *cosmimétrie* (*cosmimométrie* est un barbarisme) s'occupe de la mesure du monde.

17 Spéculaire ou *spéculoire* : art de fabriquer de miroirs. *Spéculatoire* : art d'interpréter des phénomènes de la nature comme tonnerre, foudre, prodiges et autres monstres.

18 La *physionomie*, ou physiognomonie interprète la forme du corps, et en particulier du visage.

19 La *métoposcopie* s'intéresse aux rides du front et autres traits du visage.

20 La *chiromancie* devine, elle, le tempérament et le destin par les lignes de la main.

21 *Géomancie* : cette dernière science divinatoire consiste à faire de la main et au hasard des lignes de points sur un papier, à les relier par des figures et, à partir de ces figures, on prétend «fonder un jugement de l'avenir» (FUR.).

ANNEXE

La musique
de Marc-Antoine Charpentier (1672)

Après la brouille de Molière et de Lully, Le Mariage forcé *(H.494) est repris le 8 juillet 1672 sur la scène du Palais Royal avec une nouvelle musique de Charpentier pour succéder à* La Comtesse d'Escarbagnas *dont c'est la création. Il n'en a été conservé aucun livret ni aucune édition. La musique (ou du moins une partie) se trouve dans les manuscrits autographes du compositeur[1], à la suite précisément de* La Comtesse d'Escarbagnas. *Les textes mis en musique sont totalement différents de ceux composés par Lully en 1664 ; de surcroît, ils ne figurent dans aucune édition de Molière et posent la question de leur paternité. Il est également délicat de faire la part de la musique pour* La Comtesse d'Escarbagnas *et de celle pour* Le Mariage forcé. *En effet, l'inscription en haut du f. 39ᵛ (« Intermèdes nouveaux du Mariage forcé (de Molière) ») date du XIXᵉ ou du début du XXᵉ siècle et ne repose sur aucun élément matériel. Le mot « fin » de la main de Charpentier visible en bas de cette page est sans aucun doute plus pertinent. C'est pour cette raison que nous n'avons considéré comme appartenant au* Mariage forcé *que les pièces suivantes[2], néanmoins copiées à deux époques différentes :*

---

1   F-Pn Musique, Rés Vm¹ 259 (16), f. 39ᵛ-48ᵛ. Voir aussi le fac-similé publié par les Éditions Minkoff France (*Meslanges autographes*, Volume 16, Paris, 1999).

2   Voir les options prises par John S. Powell dans son édition *Music for Molière's Comedies*, Madison, A-R Editions, Inc., 1990.

- *f. 40-40ᵛ*   *Trio grotesque « Amants aux cheveux gris »*
- *f. 40ᵛ*   *Menuet*
- *f. 40ᵛ-41*   *« Belle ou laide »*
- *f. 41*   *« Ah ! quelle etrange extravagance »*
- *f. 41ᵛ*   *Gavotte*[3]
- *f. 42-46*   *« La la la la bonjour »* / *Les Grotesques*
- *f. 46ᵛ*   *Le Songe*
- *f. 46ᵛ-48ᵛ*   *Les Bo[h]emiennes Sarabande*[4].

Les liens des intermèdes composés par Charpentier avec la comédie de Molière sont difficiles à établir et encore plus leur place. Il n'est pas certain que les pièces telles qu'elles se présentent ci-dessus se succèdent telles qu'elles ont été chantées ou jouées. Seules les thématiques communes à certaines répliques de la comédie et aux pièces musicales permettent quelques suggestions. Le Trio grotesque « Amants aux cheveux gris » évoque l'âge mûr des amants et le cocuage, également présents dans les deux airs « Belle ou laide » et « Ah ! quelle etrange extravagance » pour voix de haute-contre. Les pages instrumentales, Le Songe et Les Bo[h]emiennes, font respectivement référence à la scène 2 de l'acte I de la comédie de 1664 et à la troisième entrée du ballet de Lully (voir p. 226-300 et p. 303-305 de l'édition du livret).

Le titre Trio grotesque est suivi de la mention « au lieu la la la la bonjour » qui renvoie à un autre trio copié quelques pages plus loin et probablement composé pour les reprises de la comédie en août 1672. Ce trio n'ayant aucun rapport avec la thématique du Mariage forcé consiste en une satire littéraire et musicale de la Comédie italienne qui représenta à partir du 30 juillet, en alternance sur le même théâtre du Palais-Royal, une pièce intitulée

---

3   Après la danse suit l'inscription « ordre des pièces de la contesse descarbagnas ».
4   La seconde partie de la pièce est une gigue.

Le Collier de perles *de Girardin et du chorégraphe Beauchamp, elle-même parodie de Molière*[5]. *Il pourrait même avoir été joué à la fin de la pièce comme « Charivari grotesque » (voir septième entrée du ballet de Lully). Outre l'intitulé de l'air instrumental* Les Grotesques *au milieu du trio, l'appellation du Trio aussi « grotesque » (« Amants aux cheveux gris ») confirmerait cette hypothèse.*

Il faut éditer les pièces de Charpentier dans l'ordre où elles figurent dans le manuscrit autographe. Toutefois subsiste une dernière difficulté, notamment pour la pièce Les Bo[h]emiennes Sarabande. *Les paroles ont été ajoutées par Charpentier à une pièce à l'origine instrumentale. Une version également vocale est vraisemblable, probablement pour une voix (dessus) et basse continue, éventuellement reprise par le chœur accompagné par l'orchestre.*

Catherine CESSAC

---

5   Au sujet de ce trio, voir Patricia M. Ranum et Catherine Cessac, « "Trois favoris d'ut ré mi fa sol la" : août 1672, les Comédiens français taquinent leurs confrères italiens », [in] *Marc-Antoine Charpentier un musicien retrouvé*, éd. C. Cessac, Sprimont, Mardaga, Études du Centre de Musique Baroque de Versailles, 2005, p. 209-223.

LES PLAISIRS DE L'ÎLE ENCHANTÉE

LA PRINCESSE D'ÉLIDE

INTRODUCTION

Si *Le Mariage forcé* fut créé somme toute modeste-
ment au Louvre, *La Princesse d'Élide* s'inscrivit dans un
programme de festivités fastueux. Désireux de surpasser Fouquet en magnificence, en son propre château de
Versailles, le roi ordonna les trois journées des *Plaisirs de
l'île enchantée*, organisées selon l'affabulation que le duc
de Saint-Aignan emprunta à l'*Orlando furioso* de l'Arioste.
Molière et sa troupe durent se rendre à Versailles. Lisons
ce qu'écrit La Grange dans son Registre, à la fin d'avril
1664 :

> La troupe est partie par ordre du roi pour Versailles le dernier
> de ce mois et y a séjourné jusques au 22ème mai ; on y a repré-
> senté pendant trois jours *Les Plaisirs de l'île enchantée* dont *La
> Princesse d'Élide* fit une journée.

Le dramaturge et ses comédiens furent fort sollicités :
sans compter divers rôles ou interventions dans les défilés
de la première journée, on dut à Molière, successivement,
la création de *La Princesse d'Élide*, le 8 mai, la reprise des
Fâcheux, le 11 mai, la création de trois actes du *Tartuffe* ou
d'un premier *Tartuffe* en trois actes, le 12 mai, la reprise
enfin du *Mariage forcé*, le 13 mai – trois de quatre spectacles
moliéresques étant des comédies-ballets.
    La Princesse d'Élide avait été commandée pour l'occasion.
Trop bousculé, Molière ne put achever en vers sa pièce, ni

lui donner tous les développements qu'il aurait voulu. En
II, 1, après le vers 366, l'imprimé donne cet avis :

> Le dessein de l'auteur était de traiter ainsi toute la comédie.
> Mais un commandement du roi qui pressa cette affaire l'obligea
> d'achever tout le reste en prose, et de passer légèrement sur
> plusieurs scènes qu'il aurait étendues davantage s'il avait eu
> plus de loisir.

Cette « comédie mêlée de danse et de musique », qui parut
dès la fin de 1664 dans un volume des *Plaisirs de l'île
enchantée*, fut redonnée quatre fois en juillet au château
de Fontainebleau, avant de passer au théâtre parisien du
Palais-Royal, du 9 novembre 1664 au 4 janvier 1665, pour
vingt-cinq représentations, avec les frais afférents à ce genre
d'entreprise – mais tous les ornements ont-ils été alors
conservés ?

Il reste que pour comprendre et apprécier justement
la comédie de Molière, que le livret de la fête des *Plaisirs
de l'île enchantée* s'efforce de relier au thème cadre des trois
journées[1], il convient d'abord de l'inscrire au milieu des
festivités royales.

---

1   Le lien reste un peu lâche, assurément : pressés par la magicienne Alcine
qui les retient dans son île enchantée, Roger et les autres paladins sont
censés divertir la reine de France par des courses, puis par une comédie ;
et comme les courses de la première journée s'étaient données sous le
nom de jeux pythiens, les chevaliers étant armés à la grecque, on peut
passer naturellement au lieu de la comédie de la deuxième journée :
l'Élide…

LA FÊTE

La première grande fête royale donnée à Versailles et qui mit en valeur les jardins, est fort bien documentée, par toutes sortes de textes de statut, de style et d'intérêt bien différents[2] : livrets imprimés avant la fête et distribués aux spectateurs, articles de gazettes, relations diverses ; plus que le livret de ton froid qui remplit son rôle de sommaire utile, sont à prendre en considération ici la relation anonyme et officielle qui enchâsse le texte de *La Princesse d'Élide* au milieu du récit des trois journées (c'est le volume des *Plaisirs de l'île enchantée*, imprimé par Ballard dès 1664) et se distingue par sa précision, et la Relation de Marigny qui, moins complète, se veut plus piquante. À quoi il faudrait ajouter les desseins réalisés par Israël Silvestre qui fixent, journée après journée, quelques étapes de ce long parcours temporel de la fête qui dura en fait près de huit jours, et où le roi traita, nous dit-on, plus de six cents personnes.

La fête de 1664 est dotée de son titre et de son thème. Le thème retenu par le duc de Saint-Aignan, sorte de directeur artistique des festivités, vient des chants VI à VIII de l'*Orlando furioso* de l'Arioste : la magicienne Alcine retient en son palais Roger et d'autres braves chevaliers qui, après beaucoup de temps consommé dans les délices, sont délivrés grâce à une bague passée au doigt de Roger et capable de détruire ces enchantements.

Ce programme permit d'abord un défilé somptueux – le roi et les grands du royaume figurant les différents chevaliers prisonniers d'Alcine – et une course de bague ; la nuit venant

2   Voir Charles Mazouer, « Les relations des fêtes données à Versailles (1664-1674) », *Texte*, 2003, 33/34, p. 207-230.

sur la première journée, les lumières entrèrent en action et une magnifique collation fut servie, non sans divers agréments pour l'accompagner : ballet des Signes du zodiaque et des Saisons, qui présentèrent chacune leurs mets ; apparition de Pan et de Diane (Molière et Mademoiselle Béjart juchés chacun au sommet d'un arbre) portés sur une machine ingénieuse en apparence de montagne, qui dissimulait son fonctionnement imaginé par le machiniste Carlo Vigarani, beaucoup mis à contribution pour les trois journées[3]. Est-il besoin de préciser que rien de tout cela ne se passait sans musique ?

On a pu situer sur un plan des jardins de Versailles les divers emplacements des phases de la fête. Le lieu de la première journée était constitué par un rond orné de portiques, festons et décorations peintes ; les quatre allées qui y aboutissaient étaient bordées de hautes palissades de verdure. À peu près au même endroit, la collation se déroula de nuit, les lumières tranchant heureusement avec la verdure des palissades.

La seconde journée conduisit les spectateurs dans un autre rond également environné de palissades, sur la même ligne, celle qui devait mener au lac où se trouvait le palais d'Alcine. Là se donna *La Princesse d'Élide*. Toujours un spectacle de plein air, dans la nuit naissante, sur un théâtre de verdure – comme pour *Les Fâcheux* de Vaux. Vigarani construisit un vaste théâtre et le recouvrit de toiles formant une espèce de dôme ; et il se contenta d'encadrer la perspective de la grande allée avec deux grands trophées

---

3   Voir Charles Mazouer, « Molière et Carlo Vigarani », [in] *Gaspare & Carlo Vigarani dalla corte degli Este a quella di Luigi XIV*, a cura di Walter Baricchi e Jérôme de La Gorce, Milano-Versailles, Silvana Editoriale-Centre de recherche du Château de Versailles, 2009, p. 319-326 (Biblioteca d'arte). – L'exposition *Fêtes et divertissements à la cour* (2016-2017) présenta la contre-épreuve d'un dessin représentant cette machine de Pan et de Diane, dont Vigarani a gardé le secret (n° 324 du catalogue imprimé).

d'armes, mettant pour le reste en valeur les éléments du parc, les arbres même.

La troisième journée, organisée selon la même affabulation, fit progresser sur le même axe vers l'île enchantée d'Alcine – c'est-à-dire le bassin des Cygnes qui, en 1668, deviendra le bassin d'Apollon. Malgré les précautions prises pour se renforcer sur son île, Alcine vit son palais détruit et réduit en cendres ; les différentes entrées du *Ballet du palais d'Alcine* firent danser des géants, des nains, des Maures et des démons, tous chargés de la garde du palais, et même six chevaliers, prisonniers du palais qui étaient empêchés de s'enfuir par des monstres. L'embrasement du palais – un feu d'artifice avec le mariage de l'eau et du feu, de la lumière et de la nuit – constitua l'apothéose des trois journées. Mais les plaisirs durèrent encore plusieurs jours, faisant alterner exercices sportifs, visite de la ménagerie et représentations théâtrales, dans les jardins plus que dans les bâtiments, ou à l'intérieur même du château.

De telles festivités dénotent un certain goût et illustrent une esthétique.

Le raffinement et l'éclat de la beauté étaient accompagnés de la profusion, tous effets de la générosité royale pour les divertissements galants. Les spectateurs devaient être surpris, émerveillées – c'est le *far stupir* baroque. Pour émerveiller et surprendre, la nature – une nature passablement domestiquée ! – et l'art collaborèrent ; sculpteurs, scénographe et machinistes, artificiers inscrivaient leurs réalisations dans la verdure et le tracé des allés, qui aboutissaient volontiers à quelque bassin – ici un bassin où se dressait une île avec l'architecture merveilleuse du palais d'Alcine qui apparut quand le rocher s'ouvrit en deux, puis qui disparut dans l'embrasement général. Tous les sens étaient sollicités et devaient être satisfaits – la vue, l'ouïe et même le goût avec les collations.

En un mot, comme toutes les autres fêtes royales, la fête des *Plaisirs de l'île enchantée* fut pleinement baroque. Et Molière y a volontiers collaboré par la production de sa comédie-ballet, qui fait écho à ce cadre festif de plus d'une manière ; il s'y est complu, s'en est enchanté même.

Mais Molière et les autres artistes travaillaient pour le roi.

AU SERVICE DU ROI ET DE SA GLOIRE

On le sait : à partir de 1664, toutes les comédies-ballets de Molière seront écrites pour des fêtes royales – fêtes voulues par le roi, commandées par lui aux artistes ; et ces fêtes eurent pour centre sa personne et ses desseins. Aux fins de divertissement, assurément, mais non sans arrière-pensées politiques. Il suffit de relire gazettes et relations qui rendent compte de l'événement. De manière convenue – il faut donc en rabattre un peu sur la valeur documentaire de ces textes –, elles chantent la gloire du roi et, gardant la mémoire de l'éphémère, elles gardent la mémoire de cette gloire royale, au-delà des frontières et au-delà de la mort. Ces thuriféraires encensent un roi qui sait faire la guerre quand il faut et gouverner ses peuples, mais qui sait aussi leur procurer la paix et avec elle le plaisir des divertissements.

Les interprétations politiques de la fête royale ont été bien éclairées depuis une trentaine d'années et retiennent toujours la critique[4].

---

4   Après Louis Marin (*Le Portrait du roi*, 1981), Jean-Marie Apostolidès (*Le Roi-machine. Spectacle et politique au temps de Louis XIV*, 1981), Jean-Pierre Néraudau (*L'Olympe du Roi Soleil. Mythologie et idéologie royale au Grand Siècle*, 1986), pensons en particulier, pour les études plus récentes, aux

C'est peu de dire que les fêtes divertissaient, charmaient et éblouissaient une noblesse de cour qu'il fallait domestiquer. Le royal et magnifique ordonnateur de ces fêtes veillait à ce que celles-ci représentassent, donnassent en représentation le roi, sa grandeur et sa gloire, les valeurs aussi qui servaient d'assise à l'ordre du royaume. Les fêtes concouraient à l'exaltation de la grandeur du monarque et de la monarchie. Tous les arts, en particulier ceux du spectacle, devaient rendre perceptible l'unique pouvoir du roi. Les fêtes étaient bien liées à l'exercice du pouvoir. Et la comédie-ballet de Molière, enchâssée dans les fêtes royales, s'est trouvée longtemps un genre adéquat à cette expression du pouvoir royal.

Au-delà de la cour, charmée par des plaisirs dont la portée idéologique était grande, cette propagande par le spectacle atteignait les peuples, « nos sujets », comme l'écrit le roi. Elle confortait enfin la position internationale de la monarchie française, les fastes de la fête royale étant également destinés à éblouir les ambassadeurs et les cours de toute l'Europe. Oui, le divertissement est bien la politique qui se poursuit dans un autre registre !

Il en va ainsi des *Plaisirs de l'île enchantée*, première fête extraordinaire où s'affirmait le mécénat du roi ; elle était conçue pour inaugurer avec éclat Versailles et comme une louange explicite à la jeune reine, tout en cachant une autre bénéficiaire : la première maîtresse du roi, Mademoiselle de La Vallière. Dans l'affabulation imaginée par le duc de Saint-Aignan, venue de l'Arioste, le roi représentait le personnage de Roger. Il défilait avec un éclat et une gravité remarquables ; toujours dans la première journée, il fit

---

beaux travaux de Marie-Claude Canova-Green, dont un certain nombre ont été repris dans « *Ces gens-là se trémoussent bien…* ». *Ébats et débats dans la comédie-ballet de Molière*, 2007.

encore admirer son adresse et sa grâce dans l'exercice de
la course de bague. Loin du Louvre et des soucis de l'État,
Versailles était dédié aux divertissements et aux plaisirs ;
mais jamais n'étaient oubliés le roi, son pouvoir, son action
et sa toute-puissance[5].

Voici quelques témoignages des textes que le lecteur
trouvera presque tous ci-après et pour lesquels tout, dans
la fête de 1664, fut parfaitement merveilleux. La *Gazette*
du 21 mai 1664 dit sans détour que ces divertissements
firent « avouer que la France n'est pas moins grande et
magnifique dans la paix que conquérante et glorieuse dans
la guerre », depuis que règne un monarque sans exemple
dans le passé et comme on n'en verra plus – ce monarque
qui accorde une « paix glorieuse » à toute l'Europe. La
relation de Marigny renchérit. C'est ce monarque qui met
en branle ceux qui travaillent sous ses ordres – du ministre
Colbert et de l'ordonnateur Saint-Aignan à tous les artistes :
Molière, Vigarani le scénographe et machiniste, Lully le
musicien favori, l'Orphée de la cour, Gissey pour les décors,
les costumes et les illuminations, et même un auteur de
petits vers pour les ballets comme Benserade. Deux qualités sont constamment proclamées dans nos textes : la
promptitude d'exécution et la magnificence. Est-il besoin
de rappeler que toutes les relations mettent en leur centre
la personne du roi, loué pour la générosité et la beauté du
don fait à la cour, mais aussi pour sa beauté personnelle,
pour ses conquêtes et ses victoires, pour son gouvernement
de l'État. Et dans le déroulement de la fête, il est le héros

---

5   Voir : Marie-Claude Canova-Green, « Espace et pouvoir dans *Les Plaisirs
de l'île enchantée* (1664) », *Seventeenth-Century French Studies*, vol. 23 (2001),
p. 121-138 ; Marine Roussillon, « La visibilité du pouvoir dans *Les Plaisirs
de l'île enchantée* (1664) : spectacle, textes et images », *P.S.C.F.L.*, XLI,
80 (2014), p. 103-117.

et le guide. Il est partout, spectateur principal mais aussi
acteur et acteur principal – destinataire universel de cette
fête. Il est le centre des regards, le modèle des actions,
l'objet de la gratitude de ses invités. La politique restait
bien inextricablement mêlée à l'esthétique.

Et Molière dans tout cela – Molière dont il faut bien
admettre qu'il fut courtisan ? Sa *Princesse d'Élide* répondait au
goût de la cour pour la chevalerie ou la pastorale, déjà ; nous
y reviendrons. Surtout, il faut voir dans le héros masculin,
Euryale, le prince d'Ithaque, une image de Louis XIV et
même une sorte d'idéal royal proposé à la cour de France[6].
Euryale est jeune et amoureux et il en aurait honte devant
son gouverneur Arbate ; celui-ci le rassure aussitôt, loue cet
amour et affirme sa nécessité même chez un monarque. La
passion de l'amour est une belle passion, qui entraîne cent
vertus et cent nobles actions ; sans être amoureux un jeune
prince ne peut être grand ni généreux – bref, un prince
amoureux est « un prince accompli[7] ». C'est le dernier
vers de cette tirade prononcée en I, 1. En somme, après
la première journée qui affichait un Louis XIV guerrier
et héroïque, la comédie de la seconde journée proposait
un idéal galant qui se libérait de la simple sensualité et
accordait la passion avec les vertus héroïques. Nul doute
que la cour d'Élide ne fût à la fois un reflet de la réalité
versaillaise – dans ses personnages, dans son éthique et
jusque dans le décor de la comédie, qui imitait, reflétait et
laissait apparaître les jardins de Versailles – et un modèle à
atteindre pour la cour galante du Grand Roi, qui pouvait
et devait s'adonner à l'amour.

Attachons-nous donc à l'œuvre propre de Molière.

---

6   Voir les fortes pages de Marie-Claire Canova-Green, dans son « *Ces
     gens-là se trémoussent bien…* », *op. cit.*, p. 262-264.
7   I, 1, v. 44.

UNE COMÉDIE HÉROÏQUE ET GALANTE

La Princesse d'Élide peut être dite *comédie héroïque*, en reprenant l'appellation générique utilisée par Corneille pour son *Don Sanche d'Aragon* et qui conviendrait assez au *Dom Garcie de Navarre* de Molière. Aucun enjeu politique ou dynastique, mais un projet de mariage, d'ailleurs ouvert puisque le Prince d'Élide, « d'humeur galante et magnifique[8] », qui veut marier sa fille jusque-là indifférente voire opposée à l'amour, organise chasses et jeux auxquels il invite les princes des royaumes voisins, qui seront autant de prétendants possibles pour la jeune fille. Aucune contrainte ni obligation : il laisse libre sa fille de choisir parmi les jeunes princes. Le prince d'Ithaque, Euryale, comme ses rivaux les princes de Messène et de Pyle, ont le langage et les valeurs des grands et des nobles : courage, volonté de briller par quelque exploit, au risque de sa vie, sens de l'honneur – éthique que va récuser Moron, le plaisant de la Princesse d'Élide. Dans cette cour galante, l'amour est une valeur essentielle, entraînant respect et service de la dame. Et le sujet même de la comédie, pour lequel Molière doit beaucoup à la comédie sentimentale espagnole d'Augustín Moreto, *El desdén con el desdén* publiée en 1654, est l'amour, la réalisation difficile d'un amour réciproque, envisagé comme chose belle et bonne – ce qui est parfaitement conforme à l'idéologie galante. Dans une Grèce de rêve, de grands personnages vivent une existence extraordinaire, occupée uniquement des divertissements et de l'amour : représentation et idéalisation du monde noble. Comme

---

8   Argument de l'acte I.

les festivités des autres jours, la comédie de la deuxième journée reflète en les idéalisant le divertissement aulique et son cadre.

Nul doute que les jeux galants de l'amour[9] dans *La Princesse d'Élide* doivent beaucoup à l'esprit de la pastorale – à commencer par la décoration du théâtre, qui empruntait surtout au code pastoral avec les éléments de la nature, auxquels les personnages ne cessent de faire allusion, aussi bien pour la comédie dialoguée que pour ses intermèdes. Jacques Morel, en deux articles importants[10], avait analysé la manière dont Molière, dans son théâtre, fait montre d'une fascination réelle pour le monde pastoral, mais sans illusion et avec le recul de l'humour et de la critique. Dans l'Europe littéraire, le roman croise et irrigue la pastorale dramatique. Sannazzaro, Montemayor, les pastorales dramatiques italiennes, dont Molière a ici des souvenirs précis, d'Urfé et son *Astrée* sont alors amalgamés en une tradition fort simplifiée, en une sorte d'« orthodoxie romanesque », comme dit Jean-Michel Pelous[11], à l'école de laquelle la génération de 1660 a appris à aimer, en particulier en suivant les chemins du royaume de Tendre. Qu'en fit Molière ici[12] ?

Après s'être moqué des amours romanesques dans ses *Précieuses ridicules*, le dramaturge semble les considérer avec

---

9   Voir Sophie Rollin, « Les jeux galants dans *La Princesse d'Élide* et *Les Amants magnifiques* », [in] *Molière et le jeu*, Deuxième Biennale « Molière » ; sous la direction de Gabriel Conesa et Jean Emelina, Pézenas, Domens, 2005.

10 « Sur *La Princesse d'Élide* » (article de 1973) et « Le modèle pastoral et Molière » (article de 1980) – tous deux repris dans ses *Agréables Mensonges* de 1991, aux pages 315-335.

11 *Amour précieux, amour galant (1634-1675)*, 1980.

12 On pourra se reporter aussi à deux études publiées dans *Molière et le romanesque…*, 2009 : Charles Mazouer, « Molière et les amours romanesques » (p. 255-272), et Marie-Claire Canova-Green, « Molière et la cartographie de Tendre » (p. 328-347).

plus de sérieux et de gravité dans sa *Princesse d'Élide*. On pense d'abord à l'héroïne éponyme, cette « autre Diane » qui n'aime que la chasse et se refuse à l'amour. La conversion d'une insensible – nous y reviendrons – fait partie de la thématique pastorale, qui s'insurge contre les indifférentes ; voyez, en ouverture, le récit de l'Aurore, qui fait penser à l'*Aminta* du Tasse :

> Quand l'amour à vos yeux offre un choix agréable,
> Jeunes beautés, laissez-vous enflammer[13]...

Et toute la pièce sera une insistante invitation à aimer – qui confortait aussi dans sa conduite personnelle le jeune Louis XIV ! L'esprit pastoral ne touche donc pas seulement les bergers et le satyre des intermèdes, mais d'autres personnages, et Molière en fait alors un usage plutôt sérieux.

Mais il ne serait pas Molière s'il ne faisait intervenir la moquerie, avec humour, voire avec férocité. Il le fait grâce à Moron, le bouffon de la Princesse, dont le regard ironique qu'entraîne sa fonction de fou à la cour a des effets singulièrement contestataires – et Molière en personne tenait le rôle comique de ce personnage dissonant, dont le langage mêle la familiarité du bas et l'esprit plaisant[14].

L'amour galant ni l'amour pastoral ne sont le fait du personnage rustique et populaire de Moron. Il faut relire les intermèdes, où Moron amoureux dégrade systématiquement l'univers de la pastorale, qu'il tourne en dérision. Moron est amoureux d'une suivante de la Princesse (il est tombé amoureux, nous chante-t-il, en la voyant traire une vache

---

13   Premier intermède, scène 1, vers 1 et 2.
14   Sur les rapports entre la pastorale et l'esprit comique, voir Charles
     Mazouer, « Pastorale e commedia fino a Molière », [in] *Teatri barocchi.*
     Tragedie, commedie, pastorali nella drammaturgia europea fra '500 e '600, a
     cura di Silvia Carandini, Roma, Bulzoni 2000, p. 469-486.

— la vachère ou la bergère s'est donc bien affinée en devenant suivante d'une princesse !), Philis, parfaite divinité de roman, qui prend plaisir à écouter la plainte de son berger Tircis et aimerait bien avoir « la gloire que quelque galant fût mort » pour elle[15] ; Moron voudrait imiter ce berger pour entrer dans les bonnes grâces de la fille. Le voilà donc parodiant les bergers de *L'Astrée*, en disant sa passion naissante aux bois et aux rochers, et en faisant retentir partout le beau nom de Philis ; las ! seul un écho ridicule lui répond alors, avant qu'un ours le fasse fuir. C'est le deuxième intermède de *La Princesse d'Élide*. Au quatrième, Moron, à qui le Satyre a appris à chanter, s'essaie à la plainte amoureuse. Ce qui donne la chanson suivante :

> Ton extrême rigueur
> S'acharne sur mon cœur.
> Ah ! Philis, je trépasse !
> Daigne me secourir :
> En seras-tu plus grasse
> De m'avoir fait mourir[16] ?

Il n'est d'ailleurs pas question qu'il se donne la mort pour sa belle ! Éclairage parodique, d'esprit burlesque.

Ce premier contrepoint effectué par Moron se double d'un autre, lié au premier, par lequel Moron met en cause les valeurs nobles et héroïques qui servent d'idéal à la cour – au sein même du brillant spectacle de cour. Absolument libre dans ses paroles en tant que bouffon, il dit ce qu'il pense avec les grands. Aucun respect ne l'arrête, ni vis-à-vis des personnes ni vis-à-vis de leurs valeurs, qu'il contredit bonnement ou que sa conduite tourne en dérision. Dès son entrée en scène, il est l'image même de l'antihéros. Sa

---

15 4ᵉ intermède, scène 2.
16 4ᵉ intermède, scène 2.

couardise est par lui complaisamment étalée (et avec une jolie maîtrise verbale) dans un monde où le courage est une valeur essentielle. Lui que faisait fuir le simple souvenir d'un sanglier (I, 2) détale à l'approche d'un ours (2ᵉ intermède), se perche sur un arbre et ne redevient brave que lorsque la bête a été tuée… par d'autres.

En somme, comme le dit fortement Jacques Morel, la comédie sentimentale de *La Princesse d'Élide* illustre le style moyen théorisé et mis en pratique à Vaux, et que La Fontaine définit dans la Préface de sa *Psyché* comme l'alliance de la « plaisanterie » et de « l'héroïque », du familier et du noble. Cela s'appelle aussi le style galant ou mondain. *La Princesse d'Élide* est donc galante à plus d'un titre !

LA SURPRISE DE L'AMOUR

Si l'amour est bien « la plus agréable affaire de la vie », nécessaire au bonheur, comme dit Aglante, la cousine de la Princesse d'Élide[17], aimer, constate de son côté Euryale[18], c'est aussi subir une loi, accepter que son cœur soit dompté, consentir à une faiblesse, à une défaite, perdre sa liberté.

Tout justement ce que refuse la Princesse d'Élide. Cette « autre Diane » qui n'aime rien que la chasse, ce « farouche esprit » (v. 307), cette « âme hautaine » (v. 69) méprise l'amour contre lequel elle s'est durcie ; une âme fière répugne à la faiblesse, à l'emportement de la passion qui ravale son sexe, l'engage à commettre des lâchetés et des bassesses en

---

17   II, 1.
18   Voir I, 1.

faveur de soupirants qui deviendront un jour des tyrans[19] – propos qui auraient tout à fait leur place dans un roman de Madeleine de Scudéry. On comprend que devant ce bloc de refus qui s'oppose au dessaisissement de soi que représente l'amour, la galant Euryale pense voir échouer une attitude de respect et mette en marche une tout autre stratégie amoureuse. Pour conquérir la Princesse – il s'agit bien d'une conquête : il faut triompher d'un cœur qui résiste –, Euryale s'inspire de sa propre expérience : puisque c'est la froideur de la Princesse qui l'a enflammé, il jouera à son tour la froideur pour enflammer la Princesse. Telle est sa stratégie – sa « politique, dit Arbate ; mais cette stratégie met singulièrement à mal les règles des amours romanesques (soumission absolue de l'amoureux à la dame) et prouvera que le bonheur est possible par l'abandon de leur contrainte.

Le plaisant Moron approuve cette stratégie et participe utilement à sa réalisation. Non sans juger les manières amoureuses des grands, en personne simple, proche du naturel qu'il est – encore un contrepoint. Il considère sans complaisance cette sorte de ballet artificiel dont les personnages nobles font le tout de l'amour. Pourquoi tous ces respects et toutes ces soumissions à l'égard des femmes qui en sont gâtées, et sans lesquels on les verrait nous courir après[20] ? Et pourquoi la Princesse se refuse-t-elle à aimer ? Qu'elle se laisse aller à l'amour, comme lui Moron l'a fait pour sa Philis ! Molière partage assurément quelque peu le point de vue du plaisant de cour. Mais, en moraliste sérieux qu'il est aussi, il suggère un peu plus. Qu'il est vain et sot d'entraver la conquête du bonheur par l'amour en

---

19 Voir II, 1.
20 Voir III, 4.

voulant imiter les héros de roman ! La critique se tempère d'une sorte de sympathie indulgente et désolée pour des personnages qui souffrent davantage qu'ils ne sont ridicules.

Il reste que, de manière presque unique dans son théâtre – il faudra attendre *Les Amants magnifiques* pour retrouver des situations du même ordre –, Molière propose une analyse du sentiment amoureux ; *La Princesse d'Élide* – et c'est là pour nous son aspect le plus attachant – prend pour objet « le changement du cœur de la Princesse », son itinéraire de l'indifférence à la passion, de l'amour propre, du refus de l'amour à l'amour consenti.

En fait, tout part d'une lutte des orgueils, d'une volonté de dominer l'autre. Surprise par le masque d'indifférence d'Euryale, blessée dans sa vanité, émue, la Princesse veut châtier la hauteur affectée du jeune homme et « employer toutes choses pour lui donner de l'amour[21] ». Tout l'acte III dessine les figures de ce ballet, de ce pas de deux entre l'indifférence feinte du garçon et la volonté, chez la jeune fille, de soumettre ce garçon, de rabattre son orgueil, sans que la princesse prenne conscience que le dépit risque de la mener à l'amour. « Je souhaite ardemment qu'il m'aime[22] » : vœu imprudent, car celle qui voulait conquérir est conquise. Il lui reste néanmoins des étapes essentielles à franchir : s'avouer et avouer qu'elle aime Euryale. Une autre feinte de ce dernier lui donne de la jalousie et provoque un inconscient et indirect aveu : « Non, je ne puis souffrir qu'il soit heureux avec une autre[23]... ». Ce n'est que plus difficilement que l'aveu affleure à la conscience, après la révolte (« Moi, je l'aime ? Ô Ciel ! je l'aime ? ») ; il faut relire le grand monologue qui suit (IV, 6), où le personnage prend conscience en soi d'une

---

21 II, 4.
22 III, 5.
23 IV, 5.

« émotion inconnue », d'une « inquiétude secrète » : « Sans en rien savoir, n'aimé-je pas ce jeune prince ? » La formulation de cet aveu à soi est difficile, car c'est une défaite, et qui fait souffrir. Et la fierté de la rebelle souffrira encore davantage à reconnaître qu'elle aime devant son père et devant Euryale surtout. Le cœur de la princesse a changé, c'est éclatant ; mais elle quitte la scène dans la confusion, sans accepter positivement le mariage qu'on s'apprête à célébrer dans l'allégresse. La feinte d'Euryale aura révélé la vérité de la Princesse d'Élide.

Ces jeux un peu artificiels de l'amour, de la *libido dominandi*, de l'amour propre, de la fuite et de la recherche, du dépit et de la jalousie n'étaient pas inconnus : le roman, Moreto, la source directe de Molière, et les autres grands dramaturges espagnols qui ont traité ce même thème de couleur courtoise ont dû s'inspirer de la *Diana* de Montemayor. Il n'empêche qu'un bon demi-siècle avant Marivaux, Molière donne, dans une prose aiguë et lumineuse, une belle formulation de cette surprise de l'amour – une formulation d'une grande finesse, et en ce qui concerne les deux amoureux, car si la Princesse souffre d'accepter l'amour, Euryale souffre aussi de sa feinte.

UNE COMÉDIE-BALLET[24]

Rattachée, même si c'est assez lâchement, à la thématique de la fête royale des *Plaisirs de l'île enchantée*, *La Princesse d'Élide* s'harmonise parfaitement avec son climat. Selon le titre de l'édition de 1682, cette pièce est une « comédie

---

24 Tous les aspects du genre sont envisagés dans Charles Mazouer, *Molière et ses comédies-ballets*, nouvelle éd. en 2006.

galante mêlée de musique et d'entrées de ballet ». Après la farce-ballet du *Mariage forcé*, Molière diversifie et enrichit les formules du genre qu'il a créé ; il ne cessera de le faire, toutes les sortes de sujets et toutes les formes de comédies pouvant, selon lui, s'accommoder au genre nouveau de la comédie-ballet. Ici, comme plus tard dans les *Amants magnifiques*, nous sommes sur le versant galant. Les héros sont des princes ou des grands, qui se haussent souvent au ton héroïque et traitent de leurs amours avec distinction, non sans rappel de l'univers pastoral – véritable rêve des courtisans –, que les intermèdes ne prennent pas tous vraiment au sérieux.

Une autre innovation porte sur la structure : Molière et Lully marquent dès lors une nette préférence pour le développement d'intermèdes ; c'est d'ailleurs ici qu'apparaît pour la première fois l'appellation d'*intermède*.

Après l'ouverture instrumentale, *La Princesse d'Élide* comporte six de ces intermèdes, et le quatre premiers sont constitués de deux scènes. Ce dernier fait signale la volonté d'organiser dramaturgiquement l'intermède, avec une continuité, un conflit, éventuellement un événement. Autre observation : une continuité est établie entre les intermèdes 2, 3 et 4 qui, tout en restant en lien avec la comédie, constituent un plan particulier, celui des amours de Moron – amours malheureuses et burlesques – avec sa Philis ; parallèlement à la comédie galante, qui traite de la délicate passion entre le prince d'Ithaque et la Princesse d'Élide, le plaisant et la suivante nous entraînent, avec la succession des intermèdes, à l'étage au-dessous, dans une ambiance de pastorale paro-diée. Non seulement l'intermède se structure, mais il se lie, par-dessus les actes de la comédie, aux autres intermèdes.

Le grand problème esthétique de la comédie-ballet restait celui de l'unité entre les trois arts du dialogue, de la

musique et de la danse – Molière en fut conscient d'emblée :
comment « ne faire qu'une seule chose du ballet et de la
comédie », disait-il à propos de ses *Fâcheux*.

Un des moyens utilisés dans *La Princesse d'Élide* est celui
du spectacle intérieur, qui relie l'intermède au fil dramatique. L'allégresse du dénouement de l'intrigue amoureuse
introduit automatiquement le « spectacle » du 6ᵉ intermède,
dont le clou était la machine du grand arbre chargé de
Faunes musiciens. De manière plus intéressante, le cinquième intermède s'avère parfaitement enchâssé dans la
scène (IV, 6) : l'héroïne vit dans le trouble et la souffrance
la surprise de l'amour – aime-t-elle ? se pourrait-il qu'elle
aime ? Son monologue débouche comme naturellement sur
le recours au chant de Clymène et de Philis, qui vient adoucir et charmer sa peine ; les jeunes filles, en duo contrasté,
s'interrogent sur l'amour (douceur ou souffrance ?), avant
d'inviter ensemble à l'amour. L'intermède chanté fait donc
exactement écho à la souffrance de la Princesse, qui est dans
l'hésitation et dans le trouble, et annonce son prochain
abandon à l'amour. La comédie se reflète joliment dans le
miroir de l'intermède. Et pour achever l'enchantement, La
Princesse interrompt les deux chanteuses en reprenant la
parole pour terminer la scène.

En somme, il faut faire coïncider le plan de l'intermède
avec le plan de la comédie pour réaliser l'unité souhaitée,
qui intégrera et subsumera le contraste esthétique entre le
dialogue parlé et l'irréalité fantaisiste de ce qui se chante
et de ce qui se danse – l'intermède restant au même
niveau diégétique que l'intrigue de la comédie, dans une
continuité exacte, et rejoignant la comédie. Le premier
intermède, à forte tonalité réaliste (les valets de chiens se
réveillent et se préparent à la chasse) constitue le premier
tableau de cette journée dont la comédie galante va faire

le récit. Le premier intermède et la comédie s'inscrivent tous deux dans la même continuité temporelle. Les intermèdes 2, 3 et 4 aboutissent d'une manière différente à un effet de continuité du même ordre. C'est que Moron et Philis, personnages de l'intermède, sont aussi des personnages de la comédie ; on passe de la comédie à l'intermède sans solution de continuité, ces personnages assurant la liaison. L'intrigue secondaire, au niveau des inférieurs, de leurs amours, assure le lien d'unité avec le plan de la comédie.

Que Molière soit sensible aux charmes, à l'enchantement, à cette puissance sur les yeux, les oreilles et le cœur de la danse et de la musique, et qu'il tienne donc à en orner, à en enrichir sa comédie galante, on le vérifie en lisant le magnifique éloge de ces deux arts par un Euryale transporté et enthousiasmé par le chant et la danse de sa princesse :

> [...] les sons merveilleux qu'elle formait passaient jusqu'au fond de mon âme, et tenaient tous mes sens dans un ravissement à ne pouvoir en revenir. Elle a fait éclater ensuite une disposition toute divine, et ses pieds amoureux, sur l'émail d'un tendre gazon, traçaient d'aimables caractères qui m'enlevaient hors de moi-même, et m'attachaient par des nœuds invincibles aux doux et justes mouvements dont tout son corps suivait les mouvements de l'harmonie[25].

Ce sont ces puissantes émotions que Molière demanda à Lully le musicien et à Beauchamp le chorégraphe de procurer. Dans une belle diversité de climats qui se révèle à l'audition et encore mieux à l'analyse de la partition. On retrouve une fois de plus le contraste qui régit décidément la comédie. Philis et son Tircis, Philis et Clymène

---

25   III, 2.

nous renvoient à la pastorale, avec le berger amoureux et malheureux face à une indifférente, avec ces filles qui hésitent devant l'amour. Mais, en opposition avec les deux airs de Tircis en ré mineur, très émouvants, nous avons la chanson de Moron dont les paroles – et non la musique elle-même, qui ne comporte rien de comique et serait même assez touchante – introduisent un décalage, une distance et forment dénonciation de la poésie pastorale. Et les valets de chiens du début, tâchant de réveiller le fainéant Lyciscas (avec un dialogue entre la musique des valets et la parole de Lyciscas) nous plongent dans une réalité comique, aussitôt niée par les personnages qui entrent en scène. Contraste toujours !

De tous ces ornements, Molière n'attend pas qu'ils changent le sens de la pièce, mais qu'ils l'embellissent de leur beauté et offrent à la réalité humaine un peu de l'irréalisme et de la fantaisie du rêve.

LE TEXTE

La première édition de la Relation des trois journées des *Plaisirs de l'île enchantée*, qui contient le texte de *La Princesse d'Élide*, est la suivante :

LES PLAISIRS / DE L'ÎLE ENCHANTÉE. / Course de bague, / Collation ornée de machines, / Comédie mêlée de danse et de musique, / Ballet du palais d'Alcine, / Feu d'artifice, et autres fêtes galantes et magnifiques, / faites par le roi à Versailles, le 7 mai 1664, / et continuées plusieurs autres jours, / À

PARIS, / Chez ROBERT BALLARD, seul Imprimeur du Roy, pour la / Musique, rue S. Iean de Beauvais, au Mont Parnasse. / Et au Palais. M. DC. LXIV. / AVEC PRIVILEGE DE SA MAJESTÉ. In-folio : (2 pages) ; 3-20 (1re journée) ; 21-83 (2e journée : *La Princesse d'Élide*) ; (12 pages : 3e journée, non paginée). Neuf planches d'Israël Silvestre ornaient cet in-folio.

Deux exemplaires de cette édition sont conservés à la BnF, Tolbiac : YF-141 (consultable sur microfiches) et RES-V.497 (quand on a pu obtenir cette édition, on s'aperçoit que les gravures ont été soigneusement découpées …).
Cette première édition constitue notre texte de base.

Ballard a donné une seconde édition, sans les planches de Silvestre et toujours sous le titre des *Plaisirs de l'île enchantée*, le nom de Molière apparaissant pour la comédie mêlée de danse et de musique, dans un in-8° de 136 pages, daté de 1665. Une émission d'Étienne Loyson de cette seconde édition, en 1665, porte le titre *La Princesse d'Élide*, « comédie du sieur Molière » (BnF, Tolbiac : RES-P-YF-551).

Enfin, en 1673 (datée à la fin de 1674) parut chez Ballard une autre édition in-folio, avec le texte et les gravures de 1664 (5 exemplaires à BnF, Tolbiac ; 1 exemplaire aux Arts du spectacle ; 5 exemplaires à l'Arsenal). Cette édition a été numérisée à BnF, Tolbiac : NUMM-11823 (texte numérisé) et IFN-8626216 (lot d'images numérisées). On y retrouve bien les gravures de Silvestre.

LA PARTITION

Une nouvelle et grande édition des *Œuvres complètes*
de Lully est en cours depuis 2001, chez Georg Olms,
Hildesheim-Zürich-New York, sous la direction de Jérôme
de La Gorce et Herbert Schneider ; les volumes de la Série
II concernent les comédies-ballets de Molière. Le volume 2
de cette série, paru en 2013, est consacré aux *Plaisirs de
l'île enchantée* et à *George Dandin*. L'édition de la partition
d'orchestre est due à Catherine Cessac.

BIBLIOGRAPHIE

PELOUS, Jean-Michel, *Amour précieux, amour galant (1654-1675).
Essais sur la représentation de l'amour dans la littérature et la
société mondaines*, Paris Klincksieck, 1980.

APOSTOLIDÈS, Jean-Marie, *Le Roi-machine. Spectacle et politique
au temps de Louis XIV*, Paris, Minuit, 1981.

MARIN, Louis, *Le Portrait du roi*, Paris, Minuit, 1981.

NÉRAUDAU, Jean-Pierre, *L'Olympe du Roi Soleil. Mythologie et
idéologie royale au Grand Siècle*, Paris, Les Belles Lettres, 1986
(Nouveaux Confluents).

CANOVA-GREEN, Marie-Claude, « Ballet et comédie-ballet sous
Louis XIV, ou l'illusion de la fête », *P.S.C.F.L.*, vol. XVII,
nº 32, 1990, p. 253-262.

MOREL, Jacques, *Agréables mensonges. Essais sur le théâtre français
du XVIIᵉ siècle*, Paris, Klincksieck, 1991 (Bibliothèque de l'âge
classique, 1).

MAZOUER, Charles, *Molière et ses comédies-ballets*, Paris, Klincksieck,

1993. Nouvelle édition revue et corrigée, Paris, Honoré Champion, 2006 (Lumière classique, 75).

MAZOUER, Charles, « Pastorale e commedia fino a Molière », [in] *Teatri barocchi. Tragedie, commedie, pastorali nella drammaturgia europea fra '500 e '600*, a cura di Silvia Carandini, Roma, Bulzoni 2000, p. 469-486.

CANOVA-GREEN, Marie-Claude, « Espace et pouvoir dans *Les Plaisirs de l'île enchantée* (1664) », *Seventeenth-Century French Studies*, vol. 23 (2001), p. 121-138.

AKIYAMA, Nobuko, « Deux comédies galantes de Molière : *La Princesse d'Élide* et *Les Amants magnifiques* », [in] *Molière et la fête*, Actes du colloque international de Pézenas (7-8 juin 2001), publiés sous la direction de Jean Emelina, par la ville de Pézenas, 2003, p. 35-49.

MAZOUER, Charles, « Les relations des fêtes données à Versailles (1664-1674) », *Texte*, 2003, 33/34, p. 207-230.

ROLLIN, Sophie, « Les jeux galants dans *La Princesse d'Élide* et *Les Amants magnifiques* », [in] *Molière et le jeu*, Deuxième Biennale « Molière » ; sous la direction de Gabriel Conesa et Jean Emelina, Pézenas, Domens, 2005.

CANOVA-GREEN, Marie-Claude, *« Ces gens-là se trémoussent bien... »*. *Ébats et débats dans la comédie-ballet de Molière*, Tübingen, Gunter Narr, 2007 (*Biblio 17*, 171).

CANOVA-GREEN, Marie-Claude, « Molière et la cartographie de Tendre », [in] *Molière et le romanesque du XXe siècle à nos jours*, Actes du 4e colloque de Pézenas (8-9 juin 2007) p. p. Gabriel Conesa et Jean Emelina, Pézenas, Domens, 2009, p. 328-347.

MAZOUER, Charles, « Molière et les amours romanesques », [in] *Molière et le romanesque du XXe siècle à nos jours*, Actes du 4e colloque de Pézenas (8-9 juin 2007) p. p. Gabriel Conesa et Jean Emelina, Pézenas, Domens, 2009, p. 255-272.

MAZOUER, Charles, « Molière et Carlo Vigarani », [in] *Gaspare & Carlo Vigarani dalla corte degli Este a quella di Luigi XIV*, a cura di Walter Baricchi e Jérôme de La Gorce, Milano-Versailles, Silvana Editoriale-Centre de recherche du Château de Versailles, 2009, p. 319-326 (Biblioteca d'arte).

ROUSSILLON, Marine, « Amour chevaleresque, amour galant et discours politiques de l'amour dans Les Plaisirs de l'île enchantée (1664) », [in] *Les Discours artistiques de l'amour à l'âge classique*, dir. Kirsten A. Dickhaut et Alain Viala, n° 69 de *Littératures classsiques*, Champion, 2009, p. 65-78.

URBANI, Brigitte, « Deux réécritures d'une pièce de théâtre du Siècle d'Or : Moreto, Molière et Carlo Gozzi », *Cahiers d'études romanes : revue du CAER*, 20, 2009, p. 269-287.

ROUSSILLON, Marine, « Théâtre et pouvoir avant l'institution. *La Princesse d'Élide* dans et après *Les Plaisirs de l'île enchantée* », *R.H.T.*, janvier-mars 2014-1, n° 261, p. 15-24.

ROUSSILLON, Marine, « La visibilité du pouvoir dans *Les Plaisirs de l'île enchantée* (1664) : spectacle, textes et images », *P.S.C.F.L.*, XLI, 80 (2014), p. 103-117.

CORNUAILLE, Philippe, *Les Décors de Molière. 1658-1674*, Paris, Presses de l'université de Paris-Sorbonne, 2015 (Theatrum mundi).

Fêtes & divertissements à la cour, catalogue de l'exposition présentée au château de Versailles (novembre 2016-mars 2017), sous la direction d'Élisabeth Caude, Jérôme de La Gorce et Béatrix Saule, Château de Versailles et Gallimard, 2016.

ASSAF, Francis, « Enchantement, désenchantement : des *Plaisirs de l'île enchantée* au déplaisir d'une mort inéluctable », *P. F. S. C. L.*, 93, 2020, p. 267-282.

DISCOGRAPHIE

LULLY-MOLIÈRE, *Les Comédies-ballets*, Les Musiciens du Louvre, dir. Marc Minkowski. Donne les deux scènes du premier intermède de *La Princesse d'Élide*, mais sans la fin de la scène 2 (CD ERATO, ECD 75361, 1988).

LULLY-MOLIÈRE, *Les Comédies-ballets. Phaëton*, Les Musiciens du

Louvre, dir. Marc Minkowski. Le CD 1 donne les mêmes
extraits de *La Princesse d'Élide,* qui constitue la deuxième
journée des *Plaisirs de l'île enchantée* (2 **CD ERATO**, 3984-
26998-2. Serines : Ultima, 1999).

Lully ou le musicien du Soleil, vol. III : *Le Carrousel ; Les Plaisirs*
de l'île enchantée ; La grotte de Versailles, La Symphonie du
Marais, dir. Hugo Reyne. De la 1re journée des *Plaisirs de l'île*
enchantée on donne l'ouverture, l'entrée des quatre saisons,
des douze Signes du zodiaque et des douze Heures, la marche
de hautbois pour le dieu Pan et sa suite, le rondeau pour les
flûtes et les violons allant à la table du roi. (**CD ACCORD**,
461811-2, 2000).

LES PLAISIRS
DE L'ÎLE
ENCHANTÉE

Course de bague, collation ornée de machines,
Comédie mêlée de danse et de musique[1],
Ballet du Palais d'Alcine, Feu d'artifice
et autres fêtes galantes et magnifiques,
faites par le Roi à Versailles, le 7 mai 1664,
et continuées plusieurs autres jours.

Le Roi voulant donner aux reines et à toute sa cour le plaisir
de quelques fêtes peu communes, dans un lieu orné de tous les
agréments qui peuvent faire admirer une maison de campagne[2],
choisit Versailles à quatre lieues de Paris. C'est un château qu'on
peut nommer un palais enchanté, tant les ajustements de l'art ont
bien secondé les soins que la nature a pris pour le rendre parfait.
Il charme en toutes manières ; tout y rit dehors et dedans, l'or et
le marbre y disputent de beauté et d'éclat. Et quoiqu'il n'ait pas
cette grande étendue qui se remarque en quelques autres palais
de Sa Majesté, toutes choses y sont si polies[3], si bien entendues[4]
[A ij] [4] et si achevées, que rien ne le peut égaler. Sa symétrie,
la richesse de ses meubles, la beauté de ses promenades et le
nombre infini de ses fleurs comme de ses orangers, rendent les

---

1   Le nom de Molière ne paraîtra que dans l'édition de 1665, procurée par
    le même Ballard, qui donne le même texte.
2   Une résidence située hors de Paris. En 1664, le château de Versailles est
    loin d'avoir les dimensions qui seront les siennes plus tard.
3   Si délicates, si raffinées.
4   Si bien conçues.

environs de ce lieu dignes de sa rareté singulière. La diversité des bêtes contenues dans les deux parcs et dans la ménagerie, où plusieurs cours en étoiles sont accompagnées de viviers pour les animaux aquatiques, avec de grands bâtiments, joignent le plaisir avec la magnificence, et en font une maison accomplie.

[PREMIÈRE JOURNÉE DES PLAISIRS DE L'ÎLE ENCHANTÉE]

Ce fut en ce beau lieu, où toute la cour se rendit le cinquième de mai, que le Roi traita plus de six cents personnes, jusques au quatorzième, outre une infinité de gens nécessaires à la danse et à la comédie[5], et d'artisans de toutes sortes venus de Paris ; si bien que cela paraissait une petite armée.

Le ciel même sembla favoriser les desseins de Sa Majesté, puisqu'en une saison presque toujours pluvieuse on en fut quitte pour un peu de vent, qui sembla n'avoir augmenté qu'afin de faire voir que la prévoyance et la puissance du Roi étaient à l'épreuve des plus grandes incommodités. De hautes toiles, des bâtiments de bois faits presque en un instant, et un nombre prodigieux de flambeaux de cire blanche, pour suppléer[6] à plus de quatre mille bougies chaque journée, résistèrent à ce vent, qui partout ailleurs eût rendu ces divertissements comme impossibles à achever.

Monsieur de Vigarani, gentilhomme modénais[7], fort savant en toutes ces choses, inventa et proposa celles-ci ; et le Roi

---

5   Au théâtre.

6   *Suppléer* : « rendre une chose complète » (FUR.). Les flambeaux de cire doivent compléter la lumière des bougies.

7   Il s'agit de Carlo Vigarani, qui deviendra intendant des machines et menus plaisirs du roi. Carlo, son père l'architecte Gaspare et ses frères, originaires de Modène, avaient été appelés en France.

commanda au duc de Saint-Aignan[8], qui se trouva lors en fonction de premier gentilhomme de sa chambre, et qui avait déjà donné plusieurs sujets de ballets fort agréables, de faire un dessein où elles fussent toutes comprises avec liaison et avec ordre ; de sorte qu'elles ne pouvaient manquer de bien réussir.

Il prit pour sujet le Palais d'Alcine, qui donna lieu au titre des *Plaisirs de l'Île enchanté*, puisque, selon l'Arioste, le brave Roger et plusieurs autres bons chevaliers y furent retenus par les doubles charmes de la beauté, quoi[5]que empruntée, et du savoir de cette magicienne, et en furent délivrés, après beaucoup de temps consommé dans les délices, par la bague qui détruisait les enchantements. C'était celle d'Angélique que Mélisse, sous la forme du vieux Atlas, mit au doigt de Roger[9].

On fit donc en peu de jours orner un rond, où quatre grandes allées aboutissent entre de hautes palissades, de quatre portiques de trente-cinq pieds d'élévation, et de vingt-deux en carré d'ouverture, de plusieurs festons enrichis d'or, et de diverses peintures avec les armes de Sa Majesté.

Toute la cour s'y étant placée le septième[10], il entra dans la place, sur les six heures du soir, un héraut d'armes[11], représenté par M. des Bardins, vêtu d'un habit à l'antique, couleur de feu en broderie d'argent, et fort bien monté[12].

---

8   François-Honorat de Beauvilliers, comte puis duc de Saint-Aignan servit les plaisirs du roi en plusieurs grands fêtes ; on le surnomma pour cette raison duc de Mercure !

9   Saint-Aignan emprunta donc l'argument de la fête à l'*Orlando furioso* (*Le Roland furieux*) de l'Arioste, aux chants VI, VII, VIII. Voici le sommaire du chant VII : Roger – chevalier sarrasin amoureux de la chrétienne Bradamante, qui le convertira et l'épousera –, après avoir abattu une géante qui se tenait à la garde d'un pont, arrive au palais de la magicienne Alcine. Il en devient éperdument amoureux et reste dans l'île. Bradamante n'ayant aucune nouvelle de lui, va chercher Mélisse, sa fée protectrice, et lui remet l'anneau enchanté qui doit servir à rompre les enchantements d'Alcine. Mélisse va avec cet anneau dans l'île, réveille la raison endormie de Roger qui se décide à quitter ce dangereux séjour.

10   Le septième jour.

11   Au Moyen Âge, le *héraut d'armes* était aussi chargé d'organiser les cérémonies et les fêtes.

12   Pourvu d'un bon cheval.

Il était suivi de trois pages. Celui du Roi, M. d'Artagnan, marchait à la tête des deux autres, fort richement habillé de couleur de feu, livrée de Sa Majesté, portant sa lance et son écu, dans lequel brillait un soleil de pierreries avec ces mots :

Nec cesso, nec erro[13],

faisant allusion à l'attachement de Sa Majesté aux affaires de son État, et la manière avec laquelle il agit – ce qui était encore représenté par ces quatre vers du président de Périgny[14], auteur de la même devise :

> *Ce n'est pas sans raison que la terre et les cieux*
> *Ont tant d'étonnement pour un objet si rare,*
> *Qui, dans son cours pénible autant que glorieux,*
> *Jamais ne se repose, et jamais ne s'égare.*

Les deux autres pages étaient aux ducs de Saint-Aignan et de Noailles, le premier maréchal de camp[15], et l'autre juge des courses.

Celui du duc de Saint-Aignan portait l'écu de sa devise, et était habillé de sa livrée de toile d'argent enrichie d'or, avec les plumes incarnates et noires, et les rubans de même. Sa devise était telle : un timbre d'horloge, avec ces mots :

De mis golpes mi ruido[16].

[6] Le page du duc de Noailles était vêtu de couleur de feu, argent et noir, et le reste de la livrée semblable. La devise qu'il portait dans son écu était un aigle, avec ces mots :

---

13 Je ne ralentis pas ni ne m'égare. Le soleil et l'inscription sur l'écu constituent une *devise* qui peint et loue le roi.

14 Périgny était lecteur du roi et précepteur du dauphin.

15 Le *maréchal de camp* était l'officier général des armées sous l'Ancien Régime.

16 De mes coups mon bruit, *i. e.*, probablement, des coups que je donne vient ma réputation – *bruit* étant pris au sens figuré ; mais le dessin de la devise renvoie au son, au bruit réel d'une horloge.

Fidelis et audax[17].

Quatre trompettes et deux timbaliers marchaient après ces pages, habillés de satin couleur de feu et argent, leurs plumes de la même livrée, et les caparaçons de leurs chevaux couverts d'une pareille broderie, avec des soleils d'or fort éclatants aux banderoles des trompettes et les couvertures des timbales.

Le duc de Saint-Aignan, maréchal de camp, marchait après eux, armé à la grecque, d'une cuirasse de toile d'argent couverte de petites écailles d'or, aussi bien que son bas de saye[18] ; et son casque était orné d'un dragon et d'un grand nombre de plumes blanches, mêlées d'incarnat et de noir. Il montait un cheval blanc bardé de même, et représentait Guidon le Sauvage[19].

Pour le duc de Saint-Aignan,
représentant Guidon le Sauvage.

MADRIGAL[20].

Les combats que j'ai faits en l'Île dangereuse,
Quand de tant de guerriers je demeurai vainqueur,
Suivis d'une épreuve amoureuse,
Ont signalé ma force aussi bien que mon cœur.
La vigueur qui fait mon estime,
Soit qu'elle embrasse un parti légitime
Ou qu'elle vienne à s'échapper,
Fait dire, pour ma gloire, aux deux bouts de la terre,

---

17 Fidèle et audacieux.

18 *Bas de saye* : sorte de jupe plissée s'arrêtant aux genoux. C'était le costume des rois grecs et romains au théâtre et sur les statues de rois ou de héros habillés à l'antique.

19 Guidon le Sauvage, fils d'Aymon et donc frère consanguin de Renaud, est cité pour la première fois par l'Arioste au chant XX de l'*Orlando* furioso. D'illustre naissance, baptisé par Turpin, ce personnage doit son nom à Charlemagne.

20 Les vers faits pour les chevaliers sont de Benserade.

Qu'on n'en voit point, en toute guerre,
Ni plus souvent ni mieux frapper.

Pour le même.

Seul contre dix guerriers, seul contre dix pucelles,
C'est avoir sur les bras deux étranges[21] querelles ;
Qui sort à son honneur de ce double combat
Doit être, ce me semble, un terrible soldat.

[7] Huit trompettes et deux timbaliers, vêtus comme les premiers, marchaient après le maréchal de camp.

Le Roi, représentant Roger, les suivait, montant un des plus beaux chevaux du monde, dont le harnais couleur de feu éclatait d'or, d'argent et de pierreries. Sa Majesté était armée à la façon des Grecs, comme tous ceux de sa quadrille[22], et portait une cuirasse de lame[23] d'argent, couverte d'une riche broderie d'or et de diamants. Son port et toute son action[24] étaient dignes de son rang ; son casque, tout couvert de plumes couleur de feu, avait une grâce incomparable ; et jamais un air plus libre, ni plus guerrier, n'a mis un mortel au-dessus des autres hommes.

SONNET.
Pour le Roi, représentant ROGER.

Quelle taille, quel port a ce fier conquérant !
Sa personne éblouit quiconque l'examine,
Et quoique par son poste il soit déjà si grand,
Quelque chose de plus éclate dans sa mine.

---

21 *Étranges* : extraordinaires.
22 Au féminin, *quadrille* désigne une troupe de cavaliers d'un même parti dans un carrousel.
23 Au singulier dans toutes les éditions.
24 Toute son attitude, toute sa contenance.

Son front de ses destins est l'auguste garant ;
Par-delà ses aïeux sa vertu l'achemine[25] ;
Il faut qu'on les oublie et de l'air qu'il s'y prend,
Bien loin derrière lui laisse son origine.

De ce cœur généreux c'est l'ordinaire emploi
D'agir plus volontiers pour autrui que pour soi ;
Là principalement sa force est occupée.

Il efface l'éclat des héros anciens,
N'a que l'honneur en vue, et ne tire l'épée
Que pour des intérêts qui ne sont pas les siens.

Le duc de Noailles, juge du camp, sous le nom d'Oger le Danois[26], marchait après le Roi, portant la couleur de feu et le noir, sous une riche broderie d'argent, et ses plumes, aussi bien que tout le reste de son équipage, étaient de cette même livrée.

LE DUC DE NOAILLES, *Oger le Danois*, JUGE DU CAMP. [8]

Ce paladin s'applique à cette seule affaire,
De servir dignement le plus puissant des rois.
Comme, pour bien juger, il faut savoir bien faire,
Je doute que personne appelle de sa voix[27].

Le duc de Guise et le comte d'Armagnac marchaient ensemble après lui. Le premier, portant le nom d'Aquilant le Noir, avait un habit de cette couleur en broderie d'or et de jais[28] ; ses plumes, son cheval et sa lance assortissaient à[29] sa livrée. Et l'autre,

---

25 Sa vigueur physique et morale (*sa vertu*) le mettra au-dessus de ses ancêtres.

26 Ou *Ogier*, dit « le Danois ». Ce chevalier était un des douze fidèles de Charlemagne.

27 Personne ne fera appel de son jugement.

28 *De jais* : d'un noir brillant.

29 *Assortir à* : être assorti, être en accord, en harmonie avec.

représentant Griffon le Blanc[30], portait sur un habit de toile d'argent plusieurs rubis, et montait un cheval blanc bardé de la même couleur.

LE DUC DE GUISE, *Aquilant le Noir.*
La nuit a ses beautés de même que le jour.
Le noir est ma couleur, je l'ai toujours aimée ;
Et si l'obscurité convient à mon amour,
Elle ne s'étend pas jusqu'à ma renommée.

LE COMTE D'ARMAGNAC, *Griffon le Blanc.*
Voyez quelle candeur[31] en moi le Ciel a mis ;
Aussi nulle beauté ne s'en verra trompée.
Et quand il sera temps d'aller aux ennemis,
C'est où je me ferai tout blanc de mon épée.

Les ducs de Foix et de Coaslin, qui paraissaient ensuite, étaient vêtus, l'un d'incarnat avec or et argent, et l'autre de vert, blanc et argent, toute leur livrée et leurs chevaux étant dignes du reste de leur équipage.

POUR LE DUC DE FOIX, *Renaud[32].*
Il porte un nom célèbre, il est jeune, il est sage ;
À vous dire le vrai, c'est pour aller bien haut ;
Et c'est un grand bonheur que d'avoir, à son âge,
La chaleur nécessaire et le flegme qu'il faut.

---

30   La série des paladins se poursuit : Griffon dit « le Blanc » était fils d'Olivier et frère d'Aquilant le Noir. Tout enfant, il avait été enlevé par un griffon, d'où son nom.

31   Jeu entre le sens moral et le sens matériel donné par l'étymologie (*candidus*, c'est ce qui est blanc).

32   Le célèbre Renaud de Montauban. Dans l'*Orlando Furioso* de l'Arioste, Rinaldo est fils du duc Aymon et donc le frère de Bradamante et de Richardet. Son cousin Orlando (Roland), le premier des paladins, et lui tombent amoureux d'Angelica ; on sait qu'Angélique n'aime pas Roland.

LE DUC DE COASLIN, *Dudon*[33].   [9]
Trop avant dans la gloire on ne peut s'engager.
J'aurai vaincu sept rois, et, par mon grand courage,
Les verrai tous soumis au pouvoir de ROGER,
Que je ne serai pas content de mon ouvrage.

Après eux marchaient le comte de Lude et le prince de
Marsillac, le premier vêtu d'incarnat et blanc, et l'autre de
jaune, blanc et noir, enrichis de broderie d'argent, leur livrée
de même, et fort bien montés.

LE COMTE DE LUDE, *Astolphe*[34].
De tous les paladins qui sont dans l'univers,
Aucun n'a pour l'amour l'âme plus échauffée,
Entreprenant toujours mille projets divers,
Et toujours enchanté par quelque jeune fée.

LE PRINCE DE MARSILLAC, *Brandimart*[35].
Mes vœux seront contents, mes souhaites accomplis
Et ma bonne fortune à son comble arrivée,
Quand vous saurez mon zèle, aimable FLEUR-DE-LIS,
Au milieu de mon cœur profondément gravée.

Les marquis de Villequier et de Soyecourt marchaient ensuite :
l'un portait le bleu et argent, et l'autre le bleu, blanc et noir,
avec or et argent ; leurs plumes et les harnais de leurs chevaux
étaient de la même couleur et d'une pareille richesse.

---

33 Fils d'Ogier le Danois.
34 Astolphe, paladin, duc d'Angleterre, est l'ami de Roland ; il aidera
    celui-ci à recouvrer la raison en allant chercher sur la lune la fiole du
    bon sens.
35 Le paladin Brandimart, fils du roi des Îles lointaines, converti au chris-
    tianisme et ami de Roland, est lié à son aimée Fleur-de-Lis ; il mourra
    vaincu par Rodomont.

LE MARQUIS DE VILLEQUIER, *Richardet*[36].
Personne comme moi n'est sorti galamment
D'une intrigue où, sans doute, il fallait quelque adresse ;
Personne, à mon avis, plus agréablement
N'est demeuré fidèle en trompant sa maîtresse.

LE MARQUIS DE SOYECOURT, *Olivier*[37].
Voici l'honneur du siècle, auprès de qui nous sommes,
Et même les géants, de médiocres hommes.
Et ce franc chevalier, à tout venant tout prêt,
Toujours pour quelque joute a la lance en arrêt.

[B] [10] Les marquis d'Humières et de La Vallière les suivaient,
ce premier portant la couleur de chair et argent, et l'autre le
gris de lin, blanc et argent ; toute leur livrée étant la plus riche,
et la mieux assortie du monde.

LE MARQUIS D'HUMIÈRES, *Ariodant*[38].
Je tremble dans l'accès de l'amoureuse fièvre ;
Ailleurs, sans vanité, je ne tremblai jamais.
Et ce charmant objet, l'adorable Genèvre,
Est l'unique vainqueur à qui je me soumets.

LE MARQUIS DE LA VALLIÈRE, *Zerbin*[39].
Quelques beaux sentiments que la gloire nous donne,

---

36   Un des quatre fils du duc Aymon, Richard, le plus jeune des frères et
       jumeau de Bradamante, se révèle ardent et impétueux. Souvent désigné
       comme un « enfant », il reçoit le diminutif affectueux de « Richardet ».

37   Olivier un des douze preux, les douze chevaliers compagnons de
       Charlemagne, est le beau-frère et l'ami de Roland ; il est le sage par
       opposition au preux Roland. Il est le père de Griffon et d'Aquilant.

38   Ce chevalier italien (*Ariodante*) est célèbre pour ces amours avec Ginévra
       – Genièvre ou Guenièvre –, la fille du roi d'Écosse qu'il épousera.

39   Zerbin, fils du roi d'Écosse et donc frère de Genièvre, forme avec Isabelle
       de Galice un autre couple passionné. Isabelle tenta d'étancher la blessure
       que lui avait infligée Mandricard « le Tartare », mais Zerbin mourut
       entre ses bras.

Quand on est amoureux au souverain degré,
Mourir entre les bras d'une belle personne
Est de toutes les morts la plus douce à mon gré.

Monsieur le Duc[40] marchait seul, portant pour sa livrée la couleur de feu, blanc et argent. Un grand nombre de diamants étaient attachés sur la magnifique broderie, dont sa cuirasse et son bas de saye étaient couverts, son casque et le harnais de son cheval en étant aussi enrichis.

MONSIEUR LE DUC, *Roland*[41].

Roland fera bien loin son grand nom retentir,
La gloire deviendra sa fidèle compagne.
Il est sorti d'un sang qui brûle de sortir
Quand il est question de se mettre en campagne ;
    Et pour ne vous en point mentir
C'est le pur sang de Charlemagne.

Un char de dix-huit pieds de haut, de vingt-quatre de long et de quinze de large, paraissait ensuite, éclatant d'or et de diverses couleurs. Il représentait celui d'Apollon, en l'honneur duquel se célébraient autrefois les jeux Pythiens, que ces chevaliers s'étaient proposé d'imiter en leurs courses et en leur équipage[42]. Cette divinité[43], brillante de lumières, était assise au plus [11] haut du char, ayant à ses pieds les quatre Âges ou Siècles, distingués par de riches habits et par ce qu'ils portaient à la main.

Le Siècle d'or[44], orné de ce précieux métal, était encore paré des diverses fleurs qui faisaient un des principaux ornements de cet heureux âge.

---

40 Le duc d'Enghien, fils du grand Condé.
41 Selon la légende, Roland le preux était le neveu de Charlemagne.
42 *Équipage* : costume.
43 C'est la Grange qui faisait Apollon.
44 Représenté par Mademoiselle Molière, c'est-à-dire Armande Béjart, la femme de Molière.

Ceux d'argent et d'airain[45] avaient aussi leurs remarques[46] particulières.

Et celui de fer[47] était représenté par un guerrier d'un regard terrible, portant d'une main l'épée et de l'autre le bouclier.

Plusieurs autres grandes figures de relief paraient les côtés ce char magnifique : les monstres célestes, le serpent Python, Daphné, Hyacinthe, et les autres figures qui conviennent à Apollon[48], avec un Atlas portant le globe du monde, y étaient aussi relevés[49] d'une agréable sculpture. Le Temps, représenté par le sieur Millet[50], avec sa faux, ses ailes, et cette vieillesse décrépite dont on le peint toujours accablé, en était le conducteur. Quatre chevaux, d'une taille et d'une beauté peu communes, couverts de grandes housses semées de soleils d'or et attelés de front, tiraient cette machine.

Les douze Heures du jour, et les douze Signes du zodiaque, habillés fort superbement, comme les poètes les dépeignent, marchaient en deux files aux deux côtés de ce char.

Tous les pages des chevaliers le suivaient deux à deux, après celui de Monsieur le Duc, fort proprement vêtus de leurs livrées, avec quantité de plumes, portant leurs lances et les écus de leurs devises :

Le duc de Guise, représentant Aquilant le Noir, ayant pour devise un lion qui dort, avec ces mots :

Et quiescente pavescunt[51].

Le comte d'Armagnac, représentant Griffon le Blanc, ayant pour devise une hermine, avec ces mots :

---

45   Représentés par Hubert et Mademoiselle de Brie.
46   Marques.
47   Représenté par Du Croisy. Les comédiens de Molière ont donc été mis à contribution pour le défilé. Ils le seront encore lors de la troisième journée.
48   Le serpent Python (vaincu par lui), Daphné (la jeune fille) et Hyacinthe (le garçon), tous deux poursuivis par lui, renvoient au mythe d'Apollon.
49   Mis en valeur.
50   Cocher du roi.
51   Même quand il se repose on a peur.

Ex candore decus[52].

[B ij] [12] Le duc de Foix, représentant Renaud, ayant pour devise un vaisseau dans la mer, avec ces mots :

Longe levis aura feret[53].

Le duc de Coaslin, représentant Dudon, ayant pour devise un soleil et l'héliotrope ou tournesol, avec ces mots :

Splendor ab obsequio[54].

Le comte du Lude, représentant Astolphe, ayant pour devise un chiffre[55] en forme de nœud, avec ces mots :

Non sia mai sciolto[56].

Le prince de Marsillac, représentant Blandimart, ayant pour devise une montre en relief dont on voit tous les ressorts, avec ces mots :

Chieto fuor, commoto dentro[57].

Le marquis de Villequier, représentant Richardet, ayant pour devise un aigle qui plane devant le soleil, avec ces mots.

Uni militat astro[58].

Le marquis de Soyecourt, représentant Olivier, ayant pour devise la massue d'Hercule, avec ces mots :

---

52   De sa blancheur vient son lustre.
53   Une brise légère le portera loin.
54   Sa splendeur vient de sa soumission.
55   Un signe graphique, un caractère.
56   Qu'il ne soit jamais rompu.
57   Tranquille dehors, agité dedans.
58   Il combat pour un seul astre.

Vix aequat fama labores[59].

Le marquis d'Humières, représentant Ariodant, ayant pour devise toutes sortes de couronnes, avec ces mots :

No quiero menos[60].

Le marquis de La Vallière, représentant Zerbin, ayant pour devise un phénix sur un bûcher allumé par le soleil, avec ces mots :

Hoc juvat uri[61].

Monsieur le Duc, représentant Roland, ayant pour devise un dard entortillé de lauriers, avec ces mots :

Certo ferit[62].

[13] Vingt pasteurs, chargés des diverses pièces de la barrière qui devait être dressée pour la course de bague, formaient la dernière troupe qui entra dans la lice. Ils portaient des vestes couleur de feu enrichie d'argent, et des coiffures de même.

Aussitôt que ces troupes furent entrées dans le camp, elles en firent le tour, et après avoir salué les reines, elles se séparèrent et prirent chacune leur poste. Les pages de la tête, les trompettes et les timbaliers, se croisant, s'allèrent poster sur les ailes. Le Roi, s'avançant au milieu, prit sa place vis-à-vis du haut dais. Monsieur le Duc proche de Sa Majesté, les ducs de Saint-Aignan et de Noailles à droite et à gauche ; les dix chevaliers en haie aux deux côtés du char ; leurs pages au même ordre derrière eux ; les Signes et les Heures comme ils étaient entrés.

Lorsqu'on eut fait halte en cet état, un profond silence, causé tout ensemble par l'attention et par le respect, donna le moyen

---

59   Sa renommée égale à peine ses travaux.
60   Je ne veux pas moins.
61   On se plaît à être brûlé par lui.
62   Il frappe à coup sûr.

à Mlle de Brie, qui représentait le Siècle d'airain, de commencer ces vers à la louange de la reine, adressés à Apollon :

LE SIÈCLE D'AIRAIN, *à Apollon.*

Brillant père du jour, toi de qui la puissance
Par ses divers aspects nous donna la naissance,
Toi, l'espoir de la terre et l'ornement des cieux,
Toi, le plus nécessaire et le plus beau des dieux,
Toi, dont l'activité, dont la bonté suprême
Se fait voir et sentir en tous lieux par soi-même,
Dis-nous par quel destin, ou par quel nouveau choix,
Tu célèbres tes jeux aux rivages françois.

APOLLON

Si ces lieux fortunés ont tout ce qu'eut la Grèce
De gloire, de valeur, de mérite et d'adresse,
Ce n'est pas sans raison qu'on y voit transférés
Ces jeux qu'à mon honneur la terre a consacrés.
J'ai toujours pris plaisir à verser sur la France   [14]
De mes plus doux rayons la bénigne influence ;
Mais le charmant objet qu'hymen y fait régner,
Pour elle maintenant me fait tout dédaigner.
Depuis un si long temps que, pour le bien du monde,
Je fais l'immense tour de la terre et de l'onde,
Jamais je n'ai rien vu si digne de mes feux,
Jamais un sang si noble, un cœur si généreux,
Jamais tant de lumière avec tant d'innocence,
Jamais tant de jeunesse avec tant de prudence,
Jamais tant de grandeur avec tant de bonté,
Jamais tant de sagesse avec tant de beauté.
Mille climats[63] *divers qu'on vit sous la puissance*
De tous les demi-dieux dont elle prit naissance,
Cédant à son mérite autant qu'à leur devoir,
Se trouveront un jour unis sous son pouvoir.

---

63 *Climat* : pays, contrée.

Ce qu'eurent de grandeurs et la France et l'Espagne,
Les droits de Charles Quint, les droits de Charlemagne,
En elle avec leur sang heureusement transmis,
Rendront tout l'univers à son trône soumis[64].
Mais un titre plus grand, un plus noble partage
Qui l'élève plus haut, qui lui plaît davantage,
Un nom qui tient en soi les plus grands noms unis,
C'est le nom glorieux d'épouse de LOUIS.

LE SIÈCLE D'ARGENT

Quel destin fait briller, avec tant d'injustice,
Dans le siècle de fer un astre si propice ?

LE SIÈCLE D'OR

Ah ! ne murmure point contre l'ordre des dieux.
Loin de s'enorgueillir d'un don si précieux,
Ce siècle, qui du Ciel a mérité la haine,
En devrait augurer sa ruine prochaine,
Et voir qu'une vertu qu'il ne peut suborner
Vient moins pour l'anoblir que pour l'exterminer.
Sitôt qu'elle paraît dans cette heureuse terre,
Vois comme elle en bannit les fureurs de la guerre ;
Comment, depuis ce jour, d'infatigables mains   [15]

---

64   Ce couplet de louange à la reine Marie-Thérèse, infante d'Espagne, laisse
     entrevoir un calcul politique de Louis XIV, qui considère sa femme
     comme l'héritière de la couronne d'Espagne et en particulier proprié-
     taire des possessions héritées par elle aux Pays-Bas espagnols ; il forma
     donc des prétentions, au nom de sa femme, sur plusieurs provinces de la
     monarchie espagnole. Peu après la mort du roi Philippe IV d'Espagne en
     septembre 1665, la France constitua sous le nom de *Traité des droits de la
     Reine Très Chrétienne*, un dossier qui ouvrait la succession d'Espagne. Ce
     traité s'appuyait essentiellement sur le droit de dévolution, une vieille
     coutume du Brabant d'après laquelle les enfants d'un premier mariage
     – en l'occurrence, Marie-Thérèse, épouse de Louis XIV – étaient les
     seuls héritiers de leurs parents au détriment des enfants nés d'un second
     mariage – en l'occurrence, Charles II, enfant de quatre ans qui venait
     de monter sur le trône. Ce fut l'origine de la guerre dite de Dévolution
     (1667 et 1668).

Travaillent sans relâche au bonheur des humains;
Par quels secrets ressorts un héros[65] *se prépare*
À chasser les horreurs d'un siècle si barbare,
Et me faire revivre avec tous les plaisirs
Qui peuvent contenter les innocents désirs.

LE SIÈCLE DE FER

Je sais quels ennemis ont entrepris ma perte;
Leurs desseins sont connus, leur trame est découverte;
Mais mon cœur n'en est pas à tel point abattu…

APOLLON

Contre tant de grandeur, contre tant de vertu,
Tous les monstres d'enfer, unis pour la défense,
Ne feraient qu'une faible et vaine résistance.
L'univers opprimé de ton joug rigoureux
Va goûter par ta fuite un destin plus heureux.
Il est temps de céder à la loi souveraine
Que t'imposent les vœux de cette auguste reine;
Il est temps de céder aux travaux glorieux
D'un roi favorisé de la terre et des cieux.
Mais ici trop longtemps ce différend m'arrête.
À de plus doux combats cette lice s'apprête.
Allons la faire ouvrir, et ployons des lauriers

Pour couronner le front de nos fameux guerriers.

Tous ces récits achevés, la course de bague[66] commença, en laquelle, après que le Roi eut fait admirer l'adresse et la grâce qu'il a en cet exercice, comme en tous les autres, et plusieurs belles courses; et de tous ces chevaliers, le duc de Guise, les marquis de Soyecourt et de La Vallière demeurèrent à la dispute,

---

65 Le roi Louis XIV, bien sûr.

66 À la course de bague, le cavalier, au galop, enfile sa lance dans un anneau suspendu à une potence. – Défilé, course de bague, ici; carrousels avec leurs quadrilles ailleurs dans les fêtes royales : tout cela se ressent, sous Louis XIV, des joutes médiévales.

dont ce dernier emporta le prix, qui fut une épée d'or enrichie de diamants, avec des boucles de baudrier de grande valeur, que donna la reine mère et dont elle l'honora de sa main.

La nuit vint cependant à la fin des courses, par la justesse qu'on avait eue à les commencer. Et un nombre infini de lumières ayant éclairé tout ce beau lieu, l'on vit entrer dans la même place :

Trente-quatre concertants fort bien vêtus, qui devaient [16] précéder les Saisons et faisaient le plus agréable concert du monde.

Pendant que les Saisons se chargeaient des mets délicieux qu'elles devaient porter, pour servir devant leurs Majestés la magnifique collation qui était préparée, les douze Signes du zodiaque et les quatre Saisons dansèrent dans le rond une des plus belles entrées de ballet qu'on eût encore vue.

Le Printemps parut ensuite sur un cheval d'Espagne, représenté par Mlle Du Parc qui, avec le sexe et les avantages d'une femme, faisait voir l'adresse d'un homme. Son habit était vert, en broderie d'argent et de fleurs au naturel.

L'Été le suivait, représenté par le sieur Du Parc sur un éléphant couvert d'une riche housse.

L'Automne, aussi avantageusement vêtu, représenté par le sieur de La Thorillière, venait après, monté sur un chameau.

L'Hiver suivait sur un ours, représenté par le sieur Béjart[67].

Leur suite était composée de quarante-huit personnes, qui portaient toutes sur leur tête de grands bassins pour la collation.

Les douze premiers, couverts de fleurs, portaient, comme des jardiniers, des corbeilles peintes de vert et d'argent, garnies d'un grand nombre de porcelaines, si remplies de confitures et d'autres choses délicieuses de la saison qu'ils étaient courbés sous cet agréable faix[68].

Douze autres, comme moissonneurs, vêtus d'habits conformes à cette profession, mais fort riches, portaient des bassins de cette couleur incarnate qu'on remarque au soleil levant, et suivaient l'Été.

---

67   La troupe de Molière continue donc d'être mise à contribution avec quatre autres de ses acteurs.

68   Fardeau.

Douze vêtus en vendangeurs étaient couverts de feuilles de vignes et de grappes de raisin, et portaient dans des paniers feuille-morte, remplis de petits bassins de cette même couleur, divers autres fruits et confitures, à la suite de l'Automne.

Les douze derniers étaient des vieillards gelés, dont les fourrures et la démarche marquaient la froideur et la faiblesse, portant, dans des bassins couverts d'une glace et [17] d'une neige si bien contrefaites qu'on les eût prises pour la chose même, ce qu'ils devaient contribuer à la collation, et suivaient l'Hiver.

Quatorze concertants de Pan et de Diane précédaient ces deux divinités[69], avec une agréable harmonie de flûtes et de musettes.

Elles venaient ensuite sur une machine fort ingénieuse en forme d'une petite montagne ou roche ombragée de plusieurs arbres ; mais ce qui était plus surprenant, c'est qu'on la voyait portée en l'air, sans que l'artifice qui la faisait mouvoir se pût découvrir à la vue.

Vingt autres personnes les suivaient, portant des viandes de la ménagerie de Pan et de la chasse de Diane.

Dix-huit pages du Roi fort richement vêtus, qui devaient servir les dames à table, faisaient les derniers de cette troupe ; laquelle étant rangée, Pan, Diane et les Saisons se présentant devant la reine, le Printemps lui adressa le premier ces vers :

LE PRINTEMPS, *à la Reine.*
Entre toutes les fleurs nouvellement écloses
   Dont mes jardins sont embellis,
Méprisant les jasmins, les œillets et les roses,
Pour payer mon tribut j'ai fait choix de ces lis
Que de vos premiers ans vous avez tant chéris.
LOUIS les fait briller du couchant à l'aurore,
Tout l'univers charmé les respecte et les craint ;
Mais leur règne est plus doux et plus puissant encore
   Quand ils brillent sur votre teint.

---

69 Divinités représentées par Molière et Madeleine Béjart.

L'ÉTÉ

Surpris un peu trop promptement,
J'apporte à cette fête un léger ornement.
   Mais avant que ma saison passe,
   Je ferai faire à vos guerriers,
   Dans les campagnes de la Thrace,
   Une ample moisson de lauriers.

L'AUTOMNE   [C] [18]

Le Printemps, orgueilleux de la beauté des fleurs
   Qui lui tombèrent en partage,
Prétend de cette fête avoir tout l'avantage,
Et nous croit obscurcir par ses vives couleurs ;
Mais vous vous souviendrez, Princesse sans seconde,
De ce fruit précieux qu'a produit ma saison,
   Et qui croît dans votre maison,
Pour faire quelque jour les délices du monde[70].

L'HIVER

La neige, les glaçons que j'apporte en ces lieux,
   Sont des mets les moins précieux ;
   Mais ils sont des plus nécessaires
   Dans une fête où mille objets charmants,
   De leurs œillades meurtrières
   Font naître tant d'embrasements.

DIANE, *à la Reine.*

   Nos bois, nos rochers, nos montagnes,
   Tous nos chasseurs et mes compagnes
Qui m'ont toujours rendu des honneurs souverains,
Depuis que parmi nous ils vous ont vu paraître,
   Ne veulent plus me reconnaître ;
Et, chargés de présents, viennent avecque moi
Vous porter ce tribut pour marque de leur foi.

---

70 Ce fruit est le dauphin, qui naquit à Fontainebleau le 1er novembre 1661.

Les habitants légers de cet heureux bocage
De tomber dans vos rets font leur sort le plus doux,
Et n'estiment rien davantage
Que l'heur de périr de vos coups.
Amour, dont vous avez la grâce et le visage,
A le même secret que vous.

PAN

Jeune divinité, ne vous étonnez pas,
Lorsque nous vous offrons en ce fameux repas
L'élite de nos bergeries.
Si nos troupeaux goûtent en paix
Les herbages de nos prairies,
Nous devons ce bonheur à vos divins attraits.

[19] Ces récits achevés, une grande table en forme de crois-sant, rond d'un côté, où l'on devait couvrir[71], et garni de fleurs de celui où elle était creuse, vint à se découvrir.

Trente-six violons très bien vêtus parurent derrière sur un petit théâtre, pendant que Messieurs de La Marche et Parfait père, frère et fils, contrôleurs généraux, sous les noms de l'Abondance, de la Joie, de la Propreté et de la Bonne Chère la firent couvrir par les Plaisirs, par les Jeux, par les Ris, et par les Délices.

Leurs Majestés s'y mirent en cet ordre, qui prévint tous les embarras qui eussent pu naître pour les rangs.

La reine mère était assise au milieu de la table, et avait à sa main droite :

LE ROI,

Mlle d'Alençon,
Mme la Princesse,

---

71 *Couvrir* : placer les couverts (sur le côté convexe du croissant, des fleurs ornant le côté concave).

Mlle d'Elbeuf,
Mme de Béthune,
Mme la duchesse de Créqui.

MONSIEUR,
Mme la duchesse de Saint-Aignan,
Mme la maréchale du Plessis,
Mme la maréchale d'Étampes,
Mme de Gourdon,
Mme de Montespan,
Mme d'Humières,
Mlle de Brancas,
Mme d'Armagnac,
Mme la comtesse de Soissons,
Mme la princesse de Bade,
Mlle de Grançay.

De l'autre côté étaient assises :

LA REINE,
Mme de Carignan,
Mme de Flaix,
Mme la duchesse de Foix,
Mme de Brancas,
Mme de Froulay,
Mme la duchesse de Navailles,   [C ij] [20]
Mlle d'Ardennes,
Mlle de Colognon,
Mme de Crussol,
Mme de Montauzier.

MADAME,
Mme la Princesse Bénédicte[72],
Mme la Duchesse,

---

72   La jeune fille de la Palatine.

Mme de Rouvroy,
Mlle de la Mothe,
Mme de Marsé,
Mlle de La Vallière,
Mlle d'Artigny,
Mlle du Bellay,
Mlle de Dampierre,
Mlle de Fiennes.

La somptuosité de cette collation passait tout ce qu'on en pourrait écrire, tant par l'abondance que par la délicatesse des choses qui y furent servies. Elle faisait aussi le plus bel objet qui puisse tomber sous les sens, puisque, dans la nuit, auprès de la verdeur de ces hautes palissades, un nombre infini de chandeliers peints de vert et d'argent, portant chacun vingt-quatre bougies, et deux cents flambeaux de cire blanche, tenus par autant de personnes vêtues en masques[73], rendaient une clarté presque aussi grande et plus agréable que celle du jour. Tous les chevaliers avec leurs casques couverts de plumes de différentes couleurs, et leurs habits de la course, étaient appuyés sur la barrière ; et ce grand nombre d'officiers[74] richement vêtus qui servaient en augmentaient encore la beauté et rendaient ce rond une chose enchantée, duquel, après la collation, Leurs Majestés et toute la cour sortirent par le portique opposé à la barrière, et, dans un grand nombre de galèches fort ajustées[75], reprirent le chemin du château.

FIN DE LA PREMIÈRE JOURNÉE

---

73 Masquées.
74 Ceux qui avaient une charge pendant la collation.
75 Des calèches bien arrangées.

SECONDE JOURNÉE   [21]
DES PLAISIRS
DE L'ÎLE ENCHANTÉE

Lorsque la nuit du second jour fut venue, Leurs Majestés se rendirent dans un autre rond environné de palissades comme le premier, et sur la même ligne, s'avançant toujours vers le lac où l'on feignait que le palais d'Alcine était bâti.

Le dessein de cette seconde fête était que Roger et les chevaliers de sa quadrille[76], après avoir fait des merveilles aux courses, que, par l'ordre de la belle magicienne, ils avaient faites en faveur de la reine, continuaient en ce même dessein pour le divertissement suivant, et que l'Île flottante n'ayant point éloigné le rivage[77] de la France, ils donnaient à Sa Majesté le plaisir d'une comédie dont la scène était en Élide.

Le Roi fit donc couvrir de toiles, en si peu de temps qu'on avait lieu de s'en étonner[78], tout ce rond d'une espèce de dôme, pour défendre contre le vent le grand nombre de flambeaux et de bougies qui devaient éclairer le théâtre, dont la décoration était fort agréable. Aussitôt qu'on eut tiré la toile[79], un grand concert de plusieurs instruments se fit entendre.

Et l'Aurore, représentée par Mlle Hilaire, ouvrit la scène et chanta ce récit[80] :

---

76   Voir *supra*, la note 22.

77   Ne s'étant point éloigné du rivage.

78   D'en être stupéfié.

79   La *toile* est le rideau qui cache la scène.

80   Distinct du récitatif, le *récit* est une mélodie chantée. – À chaque fois que la musique interviendra, nous donnerons d'abord le texte seul, et ensuite la partition.

PREMIER INTERMÈDE   [D] [22]

Scène PREMIÈRE

RÉCIT DE L'AURORE

Quand l'Amour à vos yeux offre un choix agréable,
Jeunes beautés, laissez-vous enflammer.
Moquez-vous d'affecter cet orgueil indomptable
Dont on vous dit qu'il est beau de s'armer.
Dans l'âge où l'on est aimable[81]
Rien n'est si beau que d'aimer.

Soupirez librement pour un amant fidèle,
Et bravez ceux qui voudraient vous blâmer.
Un cœur tendre est aimable, et le nom de cruelle
N'est pas un nom à se faire estimer.
Dans le temps où l'on est belle
Rien n'est si beau que d'aimer.

Scène DEUXIÈME
VALETS DE CHIENS, et MUSICIENS

Pendant que l'Aurore chantait ce récit, quatre valets de chiens étaient couchés sur l'herbe, dont l'un (sous la figure de Lyciscas, représenté par le sieur de Molière, excellent acteur, de l'invention duquel étaient les vers et toute la pièce) se trouvait au milieu de deux, et un autre à ses pieds, qui étaient les sieurs Estival, Don et Blondel, de la musique du Roi, dont les voix étaient admirables.

Ceux-ci en se réveillant à l'arrivée de l'Aurore, sitôt qu'elle eut chanté, s'écrièrent en concert :

---

81 *Aimable* : digne d'être aimée.

Holà ! Holà ! debout, debout, debout :
Pour la chasse ordonnée il faut préparer tout.
Holà ! Ho ! debout, vite debout.

PREMIER   [23]
Jusqu'aux plus sombres lieux le jour se communique.

DEUXIÈME
L'air sur les fleurs en perles se résout.

TROISIÈME
Les rossignols commencent leur musique,
Et leurs petits concerts retentissent partout.

TOUS ENSEMBLE
Sus, sus debout, vite debout !
Parlant à Lysiscas qui dormait.
Qu'est ceci, Lyciscas ? Quoi ? tu ronfles encore,
Toi qui promettais tant de devancer l'aurore ?
Allons, debout, vite debout :
Pour la chasse ordonnée il faut préparer tout.
Debout, vite debout, dépêchons, debout.

LYCISCAS, *en s'éveillant.*
Par la morbleu ! vous êtes de grands braillards, vous
autres, et vous avez la gueule ouverte de bon matin !

MUSICIENS
Ne vois-tu pas le jour qui se répand partout ?
Allons, debout, Lyciscas, debout.

LYCISCAS
Hé ! Laissez-moi dormir encore un peu, je vous conjure.

MUSICIENS
Non, non, debout, Lyciscas, debout.

LYCISCAS
Je ne vous demande plus qu'un petit quart d'heure.

MUSICIENS
Point, point, debout, vite debout.

LYCISCAS
Hé ! je vous prie.

MUSICIENS   [D ij] [24]
Debout.

LYCISCAS
Un moment.

MUSICIENS
Debout.

LYCISCAS
De grâce.

MUSICIENS
Debout.

LYCISCAS
Eh !

MUSICIENS
Debout.

LYCISCAS

Je…

MUSICIENS

Debout.

LYCISCAS

J'aurai fait incontinent[82].

MUSICIENS

Non, non, debout, Lyciscas, debout :
Pour la chasse ordonnée il faut préparer tout.
Vite debout, dépêchons, debout.

LYCISCAS

Eh bien ! laissez-moi, je vais me lever. Vous êtes d'étranges
gens, de me tourmenter comme cela. Vous serez cause que
je ne me porterai pas bien de toute la journée ; car, voyez-
vous, le sommeil est nécessaire à l'homme, et lorsqu'on ne
dort pas sa réfection[83], il arrive… que…on est[84]…

PREMIER

Lyciscas !

DEUXIÈME   [25]

Lyciscas !

TROISIÈME

Lyciscas !

---

82   Aussitôt, tout de suite.
83   On ne dort pas assez pour se refaire.
84   1734 indique le jeu de scène : Lyciscas se rendort.

TOUS ENSEMBLE

Lyciscas !

LYCISCAS

Diable soit les brailleurs ! je voudrais que vous eussiez
la gueule pleine de bouillie bien chaude.

MUSICIENS

Debout, debout,
Vite debout, dépêchons, debout.

LYCISCAS

Ah ! quelle fatigue de ne pas dormir son soûl !

PREMIER

Holà ! oh !

DEUXIÈME

Holà ! oh !

TROISIÈME

Holà ! Oh !

TOUS ENSEMBLE

Oh ! oh ! oh ! oh ! oh !

LYCISCAS

Oh ! oh ! oh ! oh ! La peste soit des gens avec leurs chiens
de hurlements ! Je me donne au diable si je ne vous assomme.
Mais voyez un peu quel diable d'enthousiasme il leur prend,
de me venir chanter aux oreilles comme cela, je…

MUSICIENS

Debout.

LYCISCAS

Encore !

MUSICIENS

Debout.

LYCISCAS

Le diable vous emporte !

MUSICIENS

Debout.

LYCISCAS, *en se levant.*   [D iij] [26]

Quoi toujours ? a-t-on jamais vu une pareille furie de chanter ? Par le sang bleu[85], j'enrage. Puisque me voilà éveillé, il faut que j'éveille les autres, et que je les tourmente comme on m'a fait. Allons, ho ! Messieurs, debout, debout, vite, c'est trop dormir. Je vais faire un bruit de diable partout. Debout, debout, debout ! Allons, vite, ho ! ho ! ho ! debout, debout ! Pour la chasse ordonnée il faut préparer tout. Debout, debout ! Lyciscas, debout ! Ho ! ho ! ho ! ho ! ho !

Lyciscas s'étant levé avec toutes les peines du monde, et s'étant mis à crier de toute sa force, plusieurs cors et trompes de chasse se firent entendre, et concertées avec les violons commencèrent l'air d'une entrée, sur laquelle six valets de chiens dansèrent avec beaucoup de justesse et disposition, reprenant à certaines cadences le son de leurs cors et trompes. C'étaient les sieurs Paysan, Chicanneau, Noblet, Pesan, Bonard et La Pierre.

---

85   Euphémisme pour *par le sang de Dieu. Cf. Palsambleu.*

[LA PRINCESSE D'ÉLIDE]

NOMS DES ACTEURS DE LA COMÉDIE

LA PRINCESSE D'ÉLIDE	Mlle de Molière.
AGLANTE, cousine de la Princesse	Mlle Du Parc.
CYNTHIE, cousine de la Princesse	Mlle de Brie.
PHILIS, suivante de la Princesse	Mlle Béjart.
IPHITAS, père de la Princesse	Le sieur Hubert.
EURYALE, ou le prince d'Ithaque	Le sieur de La Grange.
ARISTOMÈNE, ou le Prince de Messène	Le sieur Du Croisy.
THÉOCLE, ou le prince de Pyle	Le sieur Béjart.
ARBATE, gouverneur du Prince d'Ithaque	Le sieur de La Thorillière.
MORON, plaisant de la Princesse[1]	Le sieur de Molière.
UN SUIVANT	Le sieur Prévost[2].

---

1   Moron est le fou de la princesse. Cette fonction de *fou du roi* existait encore à l'époque.
2   Prévost était un serviteur de la troupe ; à l'occasion, il faisait le figurant.

ARGUMENT

Cette chasse qui se préparait ainsi était celle d'un prince
d'Élide, lequel étant d'humeur galante et magnifique[3], et
souhaitant que la Princesse sa fille se résolût à aimer et à penser
au mariage, qui était fort contre son inclination, avait fait venir
en sa cour les Princes d'Ithaque, de Messène et de Pyle, afin que
dans l'exercice de la chasse qu'elle aimait fort, et dans d'autres
jeux comme des courses de chars et semblables magnificences,
quelqu'un de ces Princes pût lui plaire et devenir son époux.

Scène PREMIÈRE

Euryale, Prince d'Ithaque, amoureux de la princesse d'Élide,
et Arbate son gouverneur, lequel, indulgent à la passion du
Prince, le loua de son amour au lieu de l'en blâmer, en des
termes fort galants[4].

EURYALE, ARBATE

ARBATE

Ce silence rêveur dont la sombre habitude
Vous fait à tous moments chercher la solitude,
Ces longs soupirs que laisse échapper votre cœur,
Et ces fixes regards si chargés de langueur,
5   Disent beaucoup sans doute[5] à des gens de mon âge ;

---

3   D'humeur raffinée et fastueuse.
4   Fort élégants.
5   Assurément.

Et je pense, Seigneur, entendre ce langage[6].
Mais sans votre congé[7], de peur de trop risquer,
Je n'ose m'enhardir jusques à l'expliquer.

EURYALE

Explique, explique, Arbate, avec toute licence[8]
10 Ces soupirs, ces regards, et ce morne silence.
Je te permets ici de dire que l'amour   [28]
M'a rangé sous ses lois, et me brave à son tour ;
Et je consens encor que tu me fasses honte
Des faiblesses d'un cœur qui souffre qu'on le dompte.

ARBATE

15 Moi, vous blâmer, Seigneur, des tendres mouvements[9]
Où je vois qu'aujourd'hui penchent vos sentiments !
Le chagrin[10] des vieux jours ne peut aigrir mon âme
Contre les doux transports de l'amoureuse flamme ;
Et bien que mon sort touche à ses derniers soleils,
20 Je dirai que l'amour sied bien à vos pareils,
Que ce tribut qu'on rend aux traits d'un beau visage
De la beauté d'une âme est un clair témoignage,
Et qu'il est malaisé que sans être amoureux
Un jeune prince soit et grand et généreux.
25 C'est une qualité que j'aime en un monarque ;
La tendresse de cœur est une grande marque ;
Et je crois que d'un prince on peut tout présumer,
Dès qu'on voit que son âme est capable d'aimer.
Oui, cette passion[11], de toutes la plus belle,

---

6   Comprendre ce langage muet (le silence, les soupirs, la langueur).
7   *Congé* : permission.
8   En toute liberté.
9   *Mouvement* : émotion.
10 *Chagrin* : humeur maussade.
11 Intéressante diérèse, comme sur *actions*, au vers 31.

30 Traîne[12] dans un esprit cent vertus après elle ;
    Aux nobles actions elle pousse les cœurs,
    Et tous les grands héros ont senti ses ardeurs[13].
    Devant mes yeux, Seigneur, a passé votre enfance,
    Et j'ai de vos vertus vu fleurir l'espérance ;
35 Mes regards observaient en vous des qualités
    Où je reconnaissais le sang dont vous sortez ;
    J'y découvrais un fonds d'esprit et de lumière[14] ;
    Je vous trouvais bien fait, l'air grand, et l'âme fière[15] ;
    Votre cœur[16], votre adresse éclataient chaque jour.
40 Mais je m'inquiétais[17] de ne voir point d'amour ;
    Et puisque les langueurs d'une plaie invincible
    Nous montrent que votre âme à ses traits est sensible,
    Je triomphe, et mon cœur, d'allégresse rempli,
    Vous regarde à présent comme un prince accompli.

                        EURYALE
45 Si de l'amour un temps j'ai bravé la puissance,
    Hélas ! mon cher Arbate, il en prend bien vengeance !
    Et sachant dans quels maux mon cœur s'est
                                    abîmé[18], [29]
    Toi-même tu voudrais qu'il n'eût jamais aimé.
    Car enfin vois le sort où mon astre me guide :
50 J'aime, j'aime ardemment la princesse d'Élide ;

---

12 Entraîne.
13 Ce gouverneur indulgent à la passion amoureuse du prince d'Ithaque
    exprime l'indulgence qu'il faut accorder au jeune roi Louis XIV, amoureux,
    à ce moment-là, de Mademoiselle de La Vallière. L'idéologie : l'amour
    parachève les qualités d'un monarque. Nous sommes bien dans la jeune
    cour galante !
14 *Lumière* : intelligence, pénétration.
15 L'âme noble, haute.
16 Le *cœur* désigne ici à la fois le courage et la fierté.
17 Quatre syllabes.
18 *S'abîmer* : se plonger, s'abandonner.

Et tu sais quel orgueil, sous des traits si charmants,
Arme contre l'amour ses jeunes sentiments,
Et comment elle fuit, dans cette illustre fête,
Cette foule d'amants qui briguent sa conquête.
55 Ah! qu'il est bien peu vrai que ce qu'on doit aimer
Aussitôt qu'on le voit prend droit de nous charmer,
Et qu'un premier coup d'œil allume en nous les
                                        [flammes
Où le Ciel, en naissant, a destiné nos âmes!
À mon retour d'Argos, je passai dans ces lieux,
60 Et ce passage offrit la Princesse à mes yeux;
Je vis tous les appas dont elle est revêtue,
Mais de l'œil dont on voit une belle statue :
Leur brillante jeunesse observée à loisir
Ne porta dans mon âme aucun secret désir,
65 Et d'Ithaque en repos je revis le rivage,
Sans m'en être, en deux ans, rappelé nulle image.
Un bruit vient cependant à répandre à ma cour
Le célèbre mépris[19] qu'elle fait de l'amour;
On publie en tous lieux que son âme hautaine
70 Garde pour l'hyménée une invincible haine,
Et qu'un arc à la main, sur l'épaule un carquois,
Comme une autre Diane elle hante les bois,
N'aime rien que la chasse, et de toute la Grèce
Fait soupirer en vain l'héroïque jeunesse.
75 Admire nos esprits, et la fatalité!
Ce que n'avaient point fait sa vue et sa beauté,
Le bruit de ses fiertés[20] en mon âme fit naître
Un transport[21] inconnu, dont je ne fus point maître;

---

19 Le mépris éclatant.
20 La nouvelle de son insensibilité.
21 Une émotion, manifestation de la passion amoureuse.

Ce dédain si fameux eut des charmes²² secrets
80   À me faire avec soin rappeler tous ses traits ;
Et mon esprit, jetant de nouveaux yeux sur elle,
M'en refit une image et si noble et si belle,
Me peignit tant de gloire et de telles douceurs
À pouvoir triompher de toutes ses froideurs,
85   Que mon cœur, aux brillants d'une telle
                                      [victoire²³, [E] [30]
Vit de sa liberté s'évanouir la gloire²⁴ ;
Contre une telle amorce²⁵ il eut beau s'indigner,
Sa douceur sur mes sens prit tel droit de régner,
Qu'entraîné par l'effort d'une occulte puissance,
90   J'ai d'Ithaque en ces lieux fait voile en diligence ;
Et je couvre un effet de mes vœux enflammés
Du désir de paraître à ces jeux renommés²⁶,
Où l'illustre Iphitas, père de la Princesse,
Assemble la plupart des princes de la Grèce.

ARBATE

95   Mais à quoi bon, Seigneur, les soins que vous prenez ?
Et pourquoi ce secret où vous vous obstinez ?
Vous aimez, dites-vous, cette illustre Princesse,
Et venez à ses yeux signaler votre adresse,
Et nuls²⁷ empressements, paroles ni soupirs,

---

22   Comme *charmants*, au v. 51, *charmes* entraîne, comme toujours au
     XVIIᵉ siècle, le sens fort de puissance magique. Comprendre que le
     dédain de la princesse d'Élide a eu la force de faire rappeler au prince
     les traits de la belle princesse.
23   En considérant l'éclat d'une telle victoire (vaincre l'insensibilité de la
     Princesse). – *S'évanouir* compte quatre syllabes.
24   Le prince se faisait gloire de ne pas être asservi à l'amour, de rester libre.
25   *Amorce* : séduction, attrait.
26   Je dissimule sous le dessein de paraître à ces jeux l'amour enflammé
     qui seul m'a fait venir.
27   On sait que le XVIIᵉ siècle peut employer au pluriel l'adjectif négatif.

100   Ne l'ont instruite encor de vos brûlants désirs ?
       Pour moi, je n'entends rien à cette politique
       Qui ne veut point souffrir[28] que votre cœur s'explique ;
       Et je ne sais quel fruit peut prétendre un amour
       Qui fuit tous les moyens de se produire au jour.

                        EURYALE

105   Et que ferai-je, Arbate, en déclarant ma peine,
       Qu'attirer les dédains de cette âme hautaine,
       Et me jeter au rang de ces princes soumis
       Que le titre d'amants lui peint en ennemis ?
       Tu vois les souverains de Messène et de Pyle
110   Lui faire de leurs cœurs un hommage inutile,
       Et de l'éclat pompeux[29] des plus hautes vertus
       En appuyer en vain les respects assidus ;
       Ce rebut de leurs soins sous un triste silence
       Retient de mon amour toute la violence[30] ;
115   Je me tiens condamné dans ces rivaux fameux,
       Et je lis mon arrêt au mépris qu'on fait d'eux.

                        ARBATE

       Et c'est dans ce mépris et dans cette humeur fière[31]
       Que votre âme à ses vœux doit voir plus de
                                   [lumière[32], [31]

---

28   *Souffrir* : supporter.
29   *Pompeux* : plein de grandeur, de majesté. Comprendre : les vertus les plus
      éclatantes des prétendants sont inutiles pour appuyer le respect qu'ils
      portent à l'indifférente et toucher celle-ci.
30   Comprendre : quand je vois tous les soins de ses amants rebutés, je
      retiens la violence de mon amour dans un triste silence. – *Violence* : trois
      syllabes.
31   Humeur hautaine et cruelle de la Princesse.
32   Que votre âme doit voir plus d'espoir pour la réalisation de ses vœux
      amoureux.

Puisque le sort vous donne à conquérir un cœur
120   Que défend seulement une jeune froideur,
Et qui n'impose point à l'ardeur qui vous presse
De quelque attachement[33] l'invincible tendresse.
Un cœur préoccupé[34] résiste puissamment ;
Mais quand une âme est libre, on la force aisément ;
125   Et toute la fierté[35] de son indifférence
N'a rien dont ne triomphe un peu de patience[36].
Ne lui cachez donc plus le pouvoir de ses yeux,
Faites de votre flamme un éclat glorieux,
Et bien loin de trembler de l'exemple des autres,
130   Du rebut de leurs vœux enflez l'espoir des vôtres[37].
Peut-être pour toucher ces sévères appas
Aurez-vous des secrets que ces princes n'ont pas ;
Et si de ses fiertés l'impérieux[38] caprice
Ne vous fait éprouver un destin plus propice,
135   Au moins est-ce un bonheur, en ces extrémités,
Que de voir avec soi ses rivaux rebutés.

EURYALE

J'aime à te voir presser cet aveu de ma flamme :
Combattant mes raisons, tu chatouilles[39] mon âme ;
Et par ce que j'ai dit je voulais pressentir
140   Si de ce que j'ai fait tu pourrais m'applaudir.
Car enfin, puisqu'il faut t'en faire confidence,
On doit à la princesse expliquer mon silence,
Et peut-être, au moment que je t'en parle ici,

---

33   Quelque amour pour un autre homme.
34   Déjà occupé (sens étymologique) par un autre amour.
35   *Cf.* l'humeur fière du v. 117.
36   Diérèse.
37   Comme les autres sont rebutés, que l'espoir de vos vœux augmente.
38   Quatre syllabes.
39   *Chatouiller* : faire plaisir à.

Le secret de mon cœur, Arbate, est éclairci[40].
145   Cette chasse où, pour fuir la foule qui l'adore,
Tu sais qu'elle est allée au lever de l'aurore,
Est le temps dont Moron, pour déclarer mon feu,
A pris...

ARBATE

Moron, Seigneur ?

EURYALE

                    Ce choix t'étonne un peu :
Par son titre de fou tu crois le bien connaître ;
150   Mais sache qu'il l'est moins qu'il ne le veut paraître,
Et que, malgré l'emploi qu'il exerce aujourd'hui, [E ij] [32]
Il a plus de bon sens que tel qui rit de lui.
La Princesse se plaît à ses bouffonneries ;
Il s'en est fait aimer par cent plaisanteries,
155   Et peut, dans cet accès[41], dire et persuader
Ce que d'autres que lui n'oseraient hasarder ;
Je le vois propre, enfin, à ce que j'en souhaite :
Il a pour moi, dit-il, une amitié[42] parfaite,
Et veut, dans mes États ayant reçu le jour,
160   Contre tous mes rivaux appuyer mon amour.
Quelque argent mis en main pour soutenir ce zèle...

Scène 2

Moron, représenté par le sieur de Molière, arrive, et ayant
le souvenir d'un furieux sanglier, devant lequel il avait fui à
la chasse, demande secours, et rencontrant Euryale et Arbate,

---

40   Expliqué, révélé.
41   Grâce à l'accès qui lui est ainsi ménagé auprès de la Princesse.
42   *Amitié* désigne toutes sortes d'attachement, d'affection ou d'amour.

se met au milieu d'eux pour plus de sûreté, après leur avoir
témoigné sa peur et leur disant cent choses plaisantes sur son
peu de bravoure.

MORON, ARBATE, EURYALE

MORON, *sans être vu.*
Au secours! Sauvez-moi de la bête cruelle!

EURYALE
Je pense ouïr sa voix.

MORON, *sans être vu.*
À moi, de grâce, à moi!

EURYALE
C'est lui-même. Où court-il avec un tel effroi?

MORON
165   Où pourrai-je éviter ce sanglier[43] redoutable[44]?
       Grands dieux! préservez-moi de sa dent effroyable!
       Je vous promets, pourvu qu'il ne m'attrape pas,
       Quatre livres d'encens, et deux veaux des plus gras.
       Ha! je suis mort[45]!

EURYALE   [33]
Qu'as-tu?

---

43   Le mot comporte deux syllabes, avec synérèse dans la seconde.
44   On pense au Sancho du *Don Quichotte*, également effrayé par un sanglier
     au cours d'une chasse (*Seconde partie de l'Ingénieux Chevalier Don Quichotte
     de la Manche*, chap. XXXIV).
45   Moron effrayé se propulse sur la scène sans voir personne et il prend
     Euryale pour le sanglier!

MORON

Je vous croyais la bête
170 Dont à me diffamer[46] j'ai vu la gueule prête,
Seigneur, et je ne puis revenir de ma peur.

EURYALE

Qu'est-ce ?

MORON

Oh ! que la Princesse est d'une étrange
[humeur[47] !
Et qu'à suivre la chasse et ses extravagances
Il nous faut essuyer de sottes complaisances[48] !
175 Quel diable de plaisir trouvent tous les chasseurs
De se voir exposés à mille et mille peurs ?
Encore si c'était qu'on ne fût qu'à la chasse
Des lièvres, des lapins, et des jeunes daims, passe ;
Ce sont des animaux d'un naturel fort doux,
180 Et qui prennent toujours la fuite devant nous.
Mais aller attaquer de ces bêtes vilaines
Qui n'ont aucun respect pour les faces humaines,
Et qui courent[49] les gens qui les veulent courir,
C'est un sot passetemps, que je ne puis souffrir.

EURYALE

Dis-nous donc ce que c'est.

---

46 À me défigurer.
47 D'une humeur extraordinaire, anormale.
48 Comprendre : il nous faut être complaisants et supporter des choses bien
    sottes.
49 *Courir*, transitif : poursuivre.

MORON, *en se tournant*[50].

185   Le pénible exercice
Où de notre Princesse a volé le caprice[51] !…
J'en aurais bien juré qu'elle aurait fait le tour ;
Et la course des chars se faisant en ce jour,
Il fallait affecter ce contretemps de chasse,
190   Pour mépriser ces jeux avec meilleure grâce[52],
Et faire voir… Mais chut. Achevons mon récit,
Et reprenons le fil de ce que j'avais dit.
Qu'ai-je dit ?

EURYALE
Tu parlais d'exercice pénible.

MORON   [E iij] [34]
Ah ! oui. Succombant donc à ce travail[53] horrible
195   – Car en chasseur fameux j'étais enharnaché,
Et dès le point du jour je m'étais découché[54] –,
Je me suis écarté de tous en galant homme,
Et trouvant un lieu propre à dormir d'un bon somme,
J'essayais ma posture, et m'ajustant[55] bientôt[56],
200   Prenais déjà mon ton pour ronfler[57] comme il faut,

---

50 Où, vers qui se tourne Moron ? Serait-ce l'indication d'un aparté ? Il faut
    plutôt penser que les vers 185-191 sont prononcés comme une sorte de
    confidence prudente et discrète aux deux autres personnages.
51 Le pénible exercice où le caprice de la Princesse s'est précipité.
52 Comprendre : je pouvais être sûr que la princesse aurait imaginé ce tour :
    pour montrer son mépris des jeux et de la course de char et n'y point
    assister, choisir avec ardeur (*affecter*) d'aller à cette chasse et en faire un
    prétexte élégant – ce qui est *mépriser avec grâce* la course de char.
53 *Travail* : fatigue, peine.
54 *Se découcher* : se lever.
55 M'installant.
56 Très vite.
57 Je me disposais déjà à ronfler.

Lorsqu'un murmure[58] affreux m'a fait lever la vue,
Et j'ai d'un vieux buisson de la forêt touffue
Vu sortir un sanglier d'une énorme grandeur,
Pour[59]...

EURYALE
Qu'est-ce ?

MORON
Ce n'est rien. N'ayez point de
[frayeur !
205   Mais laissez-moi passer entre vous deux, pour cause :
Je serai mieux en main pour vous conter la chose.
J'ai donc vu ce sanglier[60], qui, par nos gens chassé,
Avait d'un air affreux tout son poil hérissé ;
Ces deux yeux flamboyants ne lançaient que menace,
210   Et sa gueule faisait une laide grimace,
Qui, parmi de l'écume, à qui l'osait presser
Montrait de certains crocs... je vous laisse à penser !
À ce terrible aspect j'ai ramassé mes armes ;
Mais le faux animal[61], sans en prendre d'alarmes,
215   Est venu droit à moi, qui ne lui disais mot.

ARBATE
Et tu l'as de pied ferme attendu ?

MORON
Quelque sot[62].

---

58   Le mot a un sens fort : le bruit confus était un véritable grondement.
59   Nouvelle poussée de peur à la simple évocation du sanglier, accompagnée
      d'un mouvement de fuite. Moron va se réfugier entre les deux hommes.
60   Le mot compte toujours pour deux syllabes.
61   L'animal perfide.
62   Un sot aurait agi ainsi !

J'ai jeté tout par terre, et couru comme quatre.

ARBATE

Fuir devant un sanglier, ayant de quoi l'abattre !
Ce trait, Moron, n'est pas généreux[63]…

MORON   [35]

J'y consens :
220   Il n'est pas généreux, mais il est de bon sens.

ARBATE

Mais par quelques exploits si l'on ne s'éternise[64]…

MORON

Je suis votre valet[65], et j'aime mieux qu'on dise :
« C'est ici qu'en fuyant, sans se faire prier,
Moron sauva ses jours des fureurs d'un sanglier »,
225   Que si l'on y disait : « Voilà l'illustre place
Où le brave Moron, d'une héroïque audace
Affrontant d'un sanglier l'impétueux effort[66],
Par un coup de ses dents vit terminer son sort. »

EURYALE

Fort bien…

MORON

Oui, j'aime mieux, n'en déplaise à la
[gloire,
230   Vivre au monde deux jours, que mille ans dans
[l'histoire.

_____

63 *Généreux* : digne d'une race noble, brave.
64 *Éterniser* : rendre immortel, immortaliser.
65 Formule de refus, de dénégation.
66 *Effort* : violence. – *Sanglier* : 2 syllabes ; *impétueux* : 4 syllabes.

EURYALE

En effet, ton trépas fâcherait tes amis ;
Mais si de ta frayeur ton esprit est remis,
Puis-je te demander si du feu qui me brûle… ?

MORON

    Il ne faut point, Seigneur, que je vous dissimule :
235   Je n'ai rien fait encore, et n'ai point rencontré
De temps pour lui parler qui fût selon mon gré.
L'office de bouffon a des prérogatives ;
Mais souvent on rabat nos libres tentatives.
Le discours de vos feux est un peu délicat,
240   Et c'est chez la Princesse une affaire d'État.
Vous savez de quel titre elle se glorifie,
Et qu'elle a dans la tête une philosophie
Qui déclare la guerre au conjugal lien,
Et vous traite l'Amour de déité de rien[67].   [36]
245   Pour n'effaroucher point son humeur de tigresse,
Il me faut manier la chose avec adresse ;
Car on doit regarder comme l'on parle aux grands,
Et vous êtes parfois d'assez fâcheuses gens.
Laissez-moi doucement conduire cette trame.
250   Je me sens là pour vous un zèle tout de flamme[68] :
Vous êtes né mon Prince, et quelques autres nœuds[69]
Pourraient contribuer au bien que je vous veux.
Ma mère, dans son temps, passait pour assez belle,
Et naturellement n'était pas fort cruelle ;
255   Feu votre père alors, ce Prince généreux[70],

---

67   Pour la Princesse, le dieu Amour est un dieu de rien, qu'elle méprise.
68   Un zèle enflammé.
69   Quelques autres liens.
70   De race noble. Voir au vers 219.

Sur la galanterie[71] était fort dangereux ;
Et je sais qu'Elpénor, qu'on appelait mon père
À cause qu'il était le mari de ma mère,
Contait pour grand honneur aux pasteurs
                          [d'aujourd'hui
260 Que le Prince autrefois était venu chez lui,
Et que durant ce temps il avait l'avantage
De se voir salué de tous ceux du village.
Baste, quoi qu'il en soit, je veux par mes travaux…
Mais voici la Princesse, et deux de vos rivaux.

Scène 3   [37]

   La Princesse d'Élide parut ensuite, avec les Princes de Messène et de Pyle, lesquels firent remarquer en eux des caractères bien différents de celui du Prince d'Ithaque, et lui cédèrent dans le cœur de la Princesse tous les avantages qu'il y pouvait désirer[72]. Cette aimable Princesse ne témoigna pas pourtant que le mérite de ce prince eût fait aucune impression sur son esprit, et qu'elle l'eût quasi remarqué ; elle témoigna toujours, comme une autre Diane, n'aimer que la chasse et les forêts, et lorsque le Prince de Messène voulut lui faire valoir le service qu'il lui avait rendu, en la défaisant d'un fort grand sanglier qui l'avait attaquée, elle lui dit que, sans rien diminuer de sa reconnaissance, elle trouvait son secours d'autant moins considérable, qu'elle en avait tué toute seule d'aussi furieux et fût peut-être bien encore venue à bout de celui-ci.

---

71 La galanterie désigne bien ici le goût pour les aventures amoureuses.
72 Comprendre que l'attitude et le caractère des deux prétendants sont tels qu'Euryale peut se réjouir de les surpasser dans l'esprit et bientôt dans le cœur de la Princesse.

LA PRINCESSE *et sa suite*, ARISTOMÈNE,
THÉOCLE, EURYALE, ARBATE, MORON

ARISTOMÈNE

265 Reprochez-vous, Madame, à nos justes alarmes
     Ce péril dont tous deux avons sauvé vos charmes[73] ?
     J'aurais pensé, pour moi, qu'abattre sous nos coups
     Ce sanglier[74] qui portait sa fureur jusqu'à vous,
     Était une aventure[75] (ignorant votre chasse)
270 Dont à nos bons destins nous dussions rendre grâce ;
     Mais à cette froideur, je connais[76] clairement
     Que je dois concevoir un autre sentiment,
     Et quereller du sort la fatale puissance[77]
     Qui me fait avoir part à ce qui vous offense.

THÉOCLE

275 Pour moi, je tiens, Madame, à sensible bonheur
     L'action[78] où pour vous a volé tout mon cœur,   [F] [38]
     Et ne puis consentir, malgré votre murmure[79],
     À quereller le sort d'une telle aventure.
     D'un objet odieux[80] je sais que tout déplaît ;
280 Mais, dût votre courroux être plus grand qu'il n'est,
     C'est extrême plaisir, quand l'amour est extrême,
     De pouvoir d'un péril affranchir ce qu'on aime.

---

73 Nous faites-vous grief d'avoir craint pour vous et d'avoir sauvé votre
    beauté ?
74 Voir aux vers 165, 207 et 227.
75 *Aventure* : ce qui arrive.
76 Je me rends compte, je reconnais.
77 Et me plaindre de la puissance du sort.
78 Diérèse.
79 Malgré la contestation ou de la protestation de la Princesse.
80 Diérèse.

LA PRINCESSE

Et pensez-vous, Seigneur, puisqu'il me faut parler,
Qu'il eût[81] en ce péril de quoi tant m'ébranler ?
285   Que l'arc et que le dard, pour moi si pleins de
                                                  [charmes,
Ne soient entre mes mains que d'inutiles armes ?
Et que je fasse, enfin, mes plus fréquents emplois
De parcourir nos monts, nos plaines et nos bois,
Pour n'oser, en chassant, concevoir l'espérance
290   De suffire, moi seule, à ma propre défense ?
Certes, avec le temps, j'aurais bien profité
De ces soins assidus[82] dont je fais vanité,
S'il fallait que mon bras, dans une telle quête[83],
Ne pût pas triompher d'une chétive bête !
295   Du moins si, pour prétendre à de sensibles coups,
Le commun de mon sexe est trop mal avec vous[84],
D'un étage[85] plus haut accordez-moi la gloire,
Et me faites tous deux cette grâce de croire,
Seigneurs, que, quel que fût le sanglier d'aujourd'hui,
300   J'en ai mis bas, sans vous, de plus méchants que lui.

THÉOCLE

Mais, Madame...

LA PRINCESSE

                    Eh bien, soit ! Je vois que votre envie
Est de persuader que je vous dois la vie ;

---

81   Qu'il y eût (*y* souvent omis au XVIIe siècle).
82   De ces efforts, de ce zèle assidus déployés dans l'exercice de la chasse.
83   En termes de chasse, la *quête* désigne l'action du chasseur qui cherche
     la voie du gibier.
84   Comprendre : si vous méprisez mon sexe et croyez les femmes incapables
     d'exploits frappants (*sensibles coups*), comme tuer un sanglier.
85   D'un niveau.

J'y consens. Oui, sans vous, c'était fait de mes jours ;
Je rends de tout mon cœur grâce à ce grand secours ;
305 Et je vais de ce pas au Prince, pour lui dire
Les bontés que pour moi votre amour vous inspire.

Scène 4   [39]

EURYALE, MORON, ARBATE

MORON

Heu ! a-t-on jamais vu de plus farouche esprit ?
De ce vilain sanglier l'heureux trépas l'aigrit.
Oh ! comme volontiers j'aurais d'un beau salaire
310 Récompensé tantôt qui m'en eût su défaire !

ARBATE

Je vous vois tout pensif, Seigneur, de ses dédains ;
Mais ils n'ont rien qui doive empêcher vos desseins.
Son heure doit venir, et c'est à vous possible[86]
Qu'est réservé l'honneur de la rendre sensible.

MORON

315 Il faut qu'avant la course elle apprenne vos feux,
Et je...

EURYALE

Non, ce n'est plus, Moron, ce que je veux.
Garde-toi de rien dire, et me laisse un peu faire :
J'ai résolu de prendre un chemin tout contraire.
Je vois trop que son cœur s'obstine à dédaigner
320 Tous ces profonds respects qui pensent la gagner ;
Et le dieu qui m'engage à soupirer pour elle

---

86 Peut-être.

M'inspire pour la vaincre une adresse[87] nouvelle.
Oui, c'est lui d'où me vient ce soudain mouvement,
Et j'en attends de lui l'heureux événement[88].

ARBATE

325   Peut-on savoir, Seigneur, par où votre espérance... ?

EURYALE

Tu le vas voir. Allons[89], et garde le silence.

Fin du premier acte.

DEUXIÈME INTERMÈDE   [F IJ] [40]

ARGUMENT

L'agréable Moron laissa aller le Prince pour parler de sa
passion naissante aux bois et aux rochers ; et faisant retentir
partout le beau nom de sa bergère Philis, un écho ridicule lui
répondant bizarrement, il y prit si grand plaisir que, riant en
cent manières, il fit répondre autant de fois cet écho, sans témoigner d'en être ennuyé. Mais un ours vint interrompre ce beau
divertissement, et le surprit si fort par cette vue peu attendue,
qu'il donna des sensibles marques de sa peur : elle lui fit faire
devant l'ours toutes les soumissions dont il se pût aviser pour
l'adoucir. Enfin, se jetant à un arbre pour y monter, comme il
vit que l'ours voulait y grimper aussi bien que lui, il cria au
secours d'une voix si haute qu'elle attira huit paysans armés
de bâtons à deux bouts et d'épieux, pendant qu'un autre ours

---

87   *Adresse* : moyen ingénieux, ruse.
88   *Événement* : issue, résultat.
89   Euryale s'adresse à Moron.

parut en suite du premier. Il se fit un combat qui finit par la mort d'un des ours, et par la fuite de l'autre[90].

Scène PREMIÈRE

MORON

Jusqu'au revoir. Pour moi, je reste ici, et j'ai une petite conversation à faire avec ces arbres et ces rochers.

Bois, prés, fontaines, fleurs, qui voyez mon teint
[blême,
Si vous ne le savez, je vous apprends que j'aime.
        Philis est l'objet charmant
        Qui tient mon cœur à l'attache ;
        Et je devins son amant
        La voyant traire une vache.
Ses doigts tout pleins de lait, et plus blancs mille
[fois, [41]
Pressaient les bouts du pis d'une grâce admirable.
        Ouf[91] ! Cette idée est capable
        De me réduire aux abois.

Ah ! Philis ! Philis ! Philis !
Ah, hem, ah, ah, ah, hi, hi, hi, oh, oh, oh, oh.
Voilà un écho qui est bouffon ! Hom, hom, hom,
[ha, ha, ha, ha, ha.
Uh, uh, uh. Voilà un écho qui est bouffon !

---

90 Au début de l'argument, il n'y a qu'un seul ours...
91 L'interjection n'exprime pas le soulagement, mais manifeste la sensation d'être pris par l'amour.

Scène 2

UN OURS, MORON

MORON

Ah ! Monsieur l'ours, je suis votre serviteur[92] de tout mon cœur. De grâce, épargnez-moi ! je vous assure que je ne vaux rien du tout à manger, je n'ai que la peau et les os, et je vois de certaines gens là-bas[93] qui seraient bien mieux votre affaire. Eh ! eh ! eh ! Monseigneur, tout doux, s'il vous plaît. Là, là, là, là. Ah ! Monseigneur, que Votre Altesse est jolie et bien faite[94] ! Elle a tout à fait l'air galant et la taille la plus mignonne du monde. Ah ! beau poil ! belle tête ! beaux yeux brillants et bien fendus ! Ah ! beau petit nez ! belle petite bouche ! petites quenottes jolies ! Ah ! belle gorge ! belles petites menottes ! petits ongles bien faits ! À l'aide ! au secours ! je suis mort ! miséricorde ! pauvre Moron ! Ah ! mon Dieu ! Et vite, à moi, à moi, je suis perdu !

Les chasseurs paraissent[95].

Eh ! Messieurs, ayez pitié de moi. Bon ! Messieurs, tuez-moi ce vilain animal-là. Ô Ciel, daigne les assister ! Bon ! le voilà qui fuit. Le voilà qui s'arrête, et qui se jette sur eux. Bon ! en voilà un qui vient de lui donner un coup dans la gueule. Les voilà tous à l'entour de lui. Courage ! ferme, allons, mes amis ! Bon ! poussez fort ! Encore ! Ah ! Le voilà qui est à terre ; c'en est fait, il est mort. Descendons maintenant, pour lui donner cent coups. Serviteur, Messieurs ; je vous rends grâce de m'avoir délivré de cette bête. Maintenant que vous l'avez tuée, je m'en vais l'achever et en triompher avec vous.

---

92 Formule de politesse qui exprime la déférence, ici à l'égard de l'ours…
93 Le public, certainement.
94 Comme s'il allait faire l'éloge d'une jolie femme !
95 Et Moron se réfugie sur un arbre.

[F iij] 42] *Ces heureux chasseurs n'eurent pas plutôt remporté cette victoire que Moron, devenu brave par l'éloignement du péril, voulut aller donner mille coups à la bête qui n'était plus en état de se défendre, et fit tout ce qu'un fanfaron, qui n'aurait pas été trop hardi, eût pu faire en cette occasion ; et les chasseurs, pour témoigner leur joie, dansèrent une fort belle entrée : c'étaient les sieurs Chicaneau, Balthazard, Noblet, Bonard, Manceau, Magny et La Pierre.*

ACTE II   [43]

ARGUMENT

Le Prince d'Ithaque et la Princesse eurent une conversation fort galante sur la course des chars qui se préparait. Elle avait dit auparavant à une des princesses ses parentes que l'insensibilité du Prince d'Ithaque lui donnait de la peine et lui était honteuse[96] ; qu'encore qu'elle ne voulût rien aimer, il était bien fâcheux de voir qu'il n'aimait rien ; et que quoiqu'elle eût résolu de n'aller point aller voir les courses, elle s'y voulait rendre, dans le dessein de tâcher à triompher de la liberté d'un homme qui la chérissait si fort. Il était facile de juger que le mérite de ce prince produisait son effet ordinaire, que ses belles qualités avaient touché ce cœur superbe[97] et commencé à fondre une partie de cette glace qui avait résisté jusques alors à toutes les ardeurs de l'amour ; et plus il affectait (par le conseil de Moron, qu'il avait gagné, et qui connaissait fort le cœur de la Princesse) de paraître insensible, quoiqu'il ne fût que trop amoureux, plus la Princesse se mettait

---

96 Ne pas se faire aimer du Prince d'Ithaque, ne pas le rendre amoureux est une honte pour elle.
97 *Superbe* : orgueilleux.

dans la tête de l'engager[98], quoiqu'elle n'eût pas fait dessein de
s'engager elle-même. Les Princes de Messène et de Pyle prirent
lors[99] congé d'elle pour s'aller préparer aux courses, et lui parlant de l'espérance qu'ils avaient de vaincre, par le désir qu'ils
sentaient de lui plaire. Celui d'Ithaque lui témoigna au contraire
que, n'ayant jamais rien aimé, il allait essayer à vaincre pour sa
propre satisfaction, ce qui la piqua encore davantage à vouloir
soumettre un cœur déjà assez soumis, mais qui savait déguiser
ses sentiments le mieux du monde.

Scène PREMIÈRE   [44]

LA PRINCESSE, AGLANTE, CYNTHIE

LA PRINCESSE

Oui, j'aime à demeurer dans ces paisibles lieux ;
On n'y découvre rien qui n'enchante les yeux ;
Et de tous nos palais la savante structure
330   Cède aux simples beautés qu'y forme la nature.
Ces arbres, ces rochers, cette eau, ces gazons frais
Ont pour moi des appâts à ne lasser jamais.

AGLANTE

Je chéris comme vous ces retraites tranquilles,
Où l'on se vient sauver de l'embarras des villes.
335   De mille objets charmants ces lieux sont embellis ;
Et ce qui doit surprendre, est qu'aux portes d'Élis[100]
La douce passion de fuir la multitude
Rencontre une si belle et vaste solitude.
Mais, à vous dire vrai, dans ces jours éclatants,
340   Vos retraites ici me semblent hors de temps ;

---

98 De lui inspirer de l'amour.
99 *Lors* : alors.
100 Elis passe pour la capitale de l'Élide.

Et c'est fort maltraiter l'appareil[101] magnifique
Que chaque prince a fait pour la fête publique.
Ce spectacle pompeux[102] de la course des chars
Devrait bien mériter l'honneur de vos regards.

LA PRINCESSE

345   Quel droit ont-ils chacun d'y vouloir ma présence ?
Et que dois-je, après tout, à leur magnificence ?
Ce sont soins que produit l'ardeur de m'acquérir,
Et mon cœur est le prix qu'ils veulent tous courir[103].
Mais quelque espoir qui flatte un projet de la sorte,
350   Je me tromperai fort si pas un d'eux l'emporte[104].

CYNTHIE

Jusques à quand ce cœur veut-il s'effaroucher[105]
Des innocents desseins qu'on a de le toucher,
Et regarder les soins que pour vous on se donne
Comme autant d'attentats contre votre personne ? [45]
355   Je sais qu'en défendant le parti de l'amour,
On s'expose chez vous à faire mal sa cour ;
Mais ce que par le sang j'ai l'honneur de vous être
S'oppose aux duretés que vous faites paraître,
Et je ne puis nourrir d'un flatteur entretien
360   Vos résolutions[106] de n'aimer jamais rien.
Est-il rien de plus beau que l'innocente flamme
Qu'un mérite éclatant allume dans une âme ?
Et serait-ce un bonheur de respirer le jour,
Si d'entre les mortels on bannissait l'amour ?

---

101 *Appareil* : préparatifs, apprêts.
102 Voir au v. 111.
103 *Courir* : rechercher, poursuivre.
104 Je serai bien trompée si l'un des deux l'emporte.
105 *Effaroucher* : irriter.
106 Cinq syllabes.

360   Non, non, tous les plaisirs se goûtent à le suivre,
Et vivre sans aimer n'est pas proprement vivre.

AVIS

Le dessein de l'auteur était de traiter ainsi toute la comédie. Mais un commandement du Roi qui pressa cette affaire l'obligea d'achever tout le reste en prose, et de passer légèrement sur plusieurs scènes qu'il aurait étendues davantage, s'il avait eu plus de loisir.

AGLANTE

Pour moi, je tiens que cette passion est la plus agréable affaire de la vie ; qu'il est nécessaire d'aimer pour vivre heureusement, et que tous les plaisirs sont fades, s'il ne s'y mêle un peu d'amour.

LA PRINCESSE

Pouvez-vous bien toutes deux, étant ce que vous êtes, prononcer ces paroles ? et ne devez-vous pas rougir d'appuyer[107] une passion qui n'est qu'erreur, que faiblesse et qu'emportement, et dont tous les désordres ont tant de répugnance[108] avec la gloire de notre sexe ? J'en prétends soutenir l'honneur jusqu'au dernier moment de ma vie, et ne veux point du tout me commettre[109] à ces gens qui font les esclaves auprès de nous, pour devenir un jour nos tyrans. Toutes ces larmes, tous ces [G] [46] soupirs, tous ces hommages, tous ces respects sont des embûches qu'on tend à notre cœur, et qui souvent l'engagent à commettre des lâchetés. Pour moi, quand je regarde certains exemples et les bassesses épouvantables où cette passion ravale les personnes sur qui elle étend sa puissance, je sens tout mon

---

107 De soutenir, de défendre.
108 *Répugnance* : opposition, contradiction.
109 *Se commettre* : s'exposer.

cœur qui s'émeut ; et je ne puis souffrir qu'une âme qui
fait profession d'un peu de fierté ne trouve pas une honte
horrible à de telles faiblesses.

CYNTHIE

Eh ! Madame, il est de certaines faiblesses qui ne sont
point honteuses, et qu'il est beau même d'avoir dans les
plus hauts degrés de gloire. J'espère que vous changerez
un jour de pensée ; et s'il plaît au Ciel, nous verrons votre
cœur avant qu'il soit peu...

LA PRINCESSE

Arrêtez, n'achevez pas ce souhait étrange[110]. J'ai une
horreur trop invincible pour ces sortes d'abaissements ; et
si jamais j'étais capable d'y descendre, je serais personne
sans doute à ne me le point pardonner.

AGLANTE

Prenez garde ! Madame, l'amour sait se venger des
mépris que l'on fait de lui, et peut-être...

LA PRINCESSE

Non, non. Je brave tous ses traits ; et le grand pouvoir
qu'on lui donne n'est rien qu'une chimère, qu'une excuse
des faibles cœurs, qui le font invincible pour autoriser leur
faiblesse.

CYNTHIE

Mais enfin toute la terre reconnaît sa puissance, et vous
voyez que les dieux même sont assujettis à son empire. On
nous fait voir que Jupiter n'a pas aimé pour une fois[111], et

110 Scandaleux.
111 Une seule fois.

que Diane même, dont vous affectez[112] tant l'exemple, n'a
pas rougi de pousser des soupirs d'amour[113].

LA PRINCESSE   [47]

Les croyances publiques sont toujours mêlées d'erreur :
les dieux ne sont point faits comme se les fait le vulgaire ;
et c'est leur manquer de respect que de leur attribuer les
faiblesses des hommes.

Scène 2

MORON, LA PRINCESSE, AGLANTE,
CYNTHIE, PHILIS

AGLANTE

Viens, approche, Moron, viens nous aider à défendre
l'amour contre les sentiments de la Princesse.

LA PRINCESSE

Voilà votre parti fortifié d'un grand défenseur.

MORON

Ma foi, Madame, je crois qu'après mon exemple il n'y
a plus rien à dire, et qu'il ne faut plus mettre en doute le
pouvoir de l'amour. J'ai bravé ses armes assez longtemps,
et fait de mon drôle[114] comme un autre ; mais enfin ma
fierté a baissé l'oreille, et vous avez une traîtresse[115] qui m'a
rendu plus doux qu'un agneau. Après cela, on ne doit plus
faire aucun scrupule d'aimer ; et puisque j'ai bien passé par
là, il peut bien y en passer d'autres.

---

112 Dont vous recherchez, dont vous suivez.
113 Pour le berger Endymion.
114 *Faire de son drôle* : mener joyeuse vie, comme un débauché, et donc rester
     insensible au véritable amour.
115 Il doit montrer Philis, qui, comme suivante, est présente, mais muette.

CYNTHIE

Quoi ? Moron se mêle d'aimer ?

MORON

Fort bien.

CYNTHIE

Et de vouloir être aimé ?

MORON   [G ij] [48]

Et pourquoi non ? Est-ce qu'on n'est pas assez bien fait pour cela ? Je pense que ce visage est assez passable, et que pour le bel air[116], Dieu merci, nous ne le cédons à personne.

CYNTHIE

Sans doute, on aurait tort…

Scène 3

LYCAS, LA PRINCESSE, AGLANTE,
CYNTHIE, MORON

LYCAS

Madame, le Prince votre père vient vous trouver ici, et conduit avec lui les princes de Pyle et d'Ithaque, et celui de Messène.

LA PRINCESSE

Ô Ciel ! que prétend-il faire en me les amenant ? Aurait-il résolu ma perte, et voudrait-il bien me forcer au choix de quelqu'un d'eux ?

---

116 *Le bel air* : les manières distinguées.

Scène 4

LE PRINCE, EURYALE, ARISTOMÈNE, THÉOCLE,
LA PRINCESSE, AGLANTE, CYNTHIE, PHILIS, MORON

LA PRINCESSE

Seigneur, je vous demande la licence[117] de prévenir par
deux paroles la déclaration des pensées que vous pouvez
avoir. Il y a deux vérités, Seigneur, aussi constantes l'une
que l'autre, et dont je puis vous assurer également : l'une,
que vous avez un absolu pouvoir sur moi, et que vous ne
sauriez m'ordonner rien où je ne réponde aussitôt par une
obéissance [49] aveugle ; l'autre, que je regarde l'hyménée
ainsi que le trépas, et qu'il m'est impossible de forcer cette
aversion naturelle. Me donner un mari, et me donner la
mort, c'est une même chose ; mais votre volonté va la
première, et mon obéissance m'est bien plus chère que ma
vie. Après cela, parlez, Seigneur, prononcez librement ce
que vous voulez.

LE PRINCE

Ma fille, tu as tort de prendre de telles alarmes, et je
me plains de toi, qui peux mettre dans ta pensée que je
sois assez mauvais père pour vouloir faire violence à tes
sentiments, et me servir tyranniquement de la puissance
que le Ciel me donne sur toi. Je souhaite, à la vérité, que
ton cœur puisse aimer quelqu'un : tous mes vœux seraient
satisfaits, si cela pouvait arriver ; et je n'ai proposé les fêtes
et les jeux que je fais célébrer ici qu'afin d'y pouvoir attirer
tout ce que la Grèce a d'illustre, et que, parmi cette noble
jeunesse, tu puisses enfin rencontrer où arrêter tes yeux et
déterminer tes pensées. Je ne demande, dis-je, au Ciel autre
bonheur que celui de te voir un époux. J'ai, pour obtenir

---

117 Voir au v. 9.

cette grâce, fait encore ce matin un sacrifice à Vénus ; et si je sais bien expliquer[118] le langage des dieux, elle m'a promis un miracle. Mais, quoi qu'il en soit, je veux en user avec toi en père qui chérit sa fille. Si tu trouves où attacher tes vœux, ton choix sera le mien, et je ne considérerai ni intérêts d'État, ni avantages d'alliance ; si ton cœur demeure insensible, je n'entreprendrai point de le forcer. Mais au moins sois complaisante aux civilités qu'on te rend, et ne m'oblige point à faire les excuses de ta froideur. Traite ces princes avec l'estime que tu leur dois, reçois avec reconnaissance les témoignages de leur zèle, et viens voir cette course où leur adresse va paraître.

THÉOCLE

Tout le monde va faire des efforts pour emporter le prix de cette course ; mais, à vous dire vrai, j'ai peu d'ardeur pour la victoire, puisque ce n'est pas votre cœur qu'on y doit disputer.

ARISTOMÈNE

Pour moi, Madame, vous êtes le seul prix que je me propose partout ; c'est vous que je crois disputer dans ces combats [G iij] [50] d'adresse, et je n'aspire maintenant à remporter l'honneur de cette course que pour obtenir un degré de gloire qui m'approche de votre cœur.

EURYALE

Pour moi, Madame, je n'y vais point du tout avec cette pensée. Comme j'ai fait toute ma vie profession de ne rien aimer, tous les soins que je prends ne vont point où tendent les autres. Je n'ai aucune prétention sur votre cœur, et le seul honneur de la course est tout l'avantage où j'aspire.

---

118 Débrouiller.

Ils la quittent.

LA PRINCESSE

D'où sort cette fierté où l'on ne s'attendait point ?
Princesses, que dites-vous de ce jeune prince ? Avez-vous
remarqué de quel ton il l'a pris ?

AGLANTE

Il est vrai que cela est un peu fier.

MORON

Ah ! quelle brave botte il vient là de lui porter[119] !

LA PRINCESSE

Ne trouvez-vous pas qu'il y aurait plaisir d'abaisser
son orgueil, et de soumettre un peu ce cœur qui tranche
tant du brave ?

CYTHIE

Comme vous êtes accoutumée à ne jamais recevoir que
des hommages et des adorations de tout le monde, un
compliment[120] pareil au sien doit vous surprendre, à la vérité.

LA PRINCESSE

Je vous avoue que cela m'a donné de l'émotion, et que
je souhaiterais fort de trouver les moyens de châtier cette
hauteur. Je n'avais pas beaucoup d'envie de me trouver à
cette course ; mais j'y veux aller exprès, et employer toute
chose pour lui donner de l'amour.

---

119 *Porter une botte*, au figuré à partir d'une expression de l'escrime : propos vifs
et imprévus qui mettent quelqu'un dans l'embarras. Une *brave botte* est
une botte excellente, vigoureuse. C'est évidemment un *a parte* de Moron.

120 *Compliment* : paroles de politesse, de civilité – la réplique du Prince
d'Ithaque, tout simplement.

CYNTHIE

Prenez garde, Madame : l'entreprise est périlleuse, et lorsqu'on veut donner de l'amour, on court risque d'en recevoir.

LA PRINCESSE

Ah! n'appréhendez rien, je vous prie. Allons, je vous réponds de moi.

Fin du DEUXIÈME acte.

TROISIÈME INTERMÈDE   [51]

Scène PREMIÈRE
MORON, PHILIS

MORON

Philis, demeure ici.

PHILIS

Non, laisse-moi suivre les autres.

MORON

Ah! cruelle! si c'était Tircis qui t'en priât, tu demeu-rerais bien vite.

PHILIS

Cela se pourrait faire, et je demeure d'accord que je trouve bien mieux mon compte avec l'un qu'avec l'autre; car il me divertit avec sa voix, et toi, tu m'étourdis de ton caquet. Lorsque tu chanteras aussi bien que lui, je te promets de t'écouter.

MORON

Eh ! demeure un peu.

PHILIS

Je ne saurais.

MORON

De grâce !

PHILIS

Point, te dis-je.

MORON

Je ne te laisserai point aller.

PHILIS

Ah ! que de façons !

MORON

Je ne te demande qu'un moment à être avec toi.

PHILIS   [52]

Eh bien ! oui, j'y demeurerai, pourvu que tu me pro-
mettes une chose.

MORON

Et quelle ?

PHILIS

De ne me point parler du tout.

MORON

Eh ! Philis !

PHILIS

À moins que de cela, je ne demeurerai point avec toi.

MORON

Veux-tu me… ?

PHILIS

Laisse-moi aller.

MORON

Eh bien ! oui, demeure. Je ne dirai mot.

PHILIS

Prends-y bien garde, au moins ; car à la moindre parole, je prends la fuite.

MORON

Il fait une scène de gestes[121].

Soit. Ah ! Philis ! … Eh ! … Elle s'enfuit et je ne saurais l'attraper. Voilà ce que c'est : si je savais chanter, j'en ferais bien mieux mes affaires. La plupart des femmes aujourd'hui se laissent prendre par les oreilles ; elles sont cause que tout le monde se mêle de musique, et l'on ne réussit auprès d'elles que par les petites chansons et les petits vers qu'on leur fait entendre[122]. Il faut que j'apprenne à chanter pour faire comme les autres. Bon, voici justement mon homme.

---

121 Le mime Molière y excellait.
122 De fait. Et le Mascarille des *Précieuses ridicules* s'essayait à suivre cette mode, à la scène 9.

Scène 2   [53]
SATYRE, MORON

SATYRE
La, la, la.

MORON
Ah ! Satyre, mon ami, tu sais bien ce que tu m'as promis il y a longtemps : apprends-moi à chanter, je te prie.

SATYRE
Je le veux. Mais auparavant, écoute une chanson que je viens de faire.

MORON
Il est si accoutumé à chanter qu'il ne saurait parler d'autre façon. Allons, chante, j'écoute.

SATYRE
Je portais…

MORON
Une chanson, dis-tu ?

SATYRE
Je port …

MORON
Une chanson à chanter.

SATYRE
Je port …

MORON

Chanson amoureuse, peste !

SATYRE

Je portais dans une cage
Deux moineaux que j'avais pris,
Lorsque la jeune Cloris   [H] [54]
Fit dans un sombre bocage
Briller à mes yeux surpris
Les fleurs de son beau visage.
Hélas ! dis-je aux moineaux, en recevant les coups
De ses yeux si savants à faire des conquêtes,
Consolez-vous, pauvres petites bêtes,
Celui qui vous a pris est bien plus pris que vous.

Moron ne fut pas satisfait de cette chanson, quoiqu'il la
trouvât jolie ; il en demanda une plus passionnée, et priant le
Satyre de lui dire celle qu'il lui avait ouï chanter quelques jours
auparavant, il continua ainsi :

Dans vos chants si doux
Chantez à ma belle,
Oiseaux, chantez tous
Ma peine mortelle.
Mais si la cruelle
Se met en courroux
Au récit fidèle
Des maux que je sens pour elle,
Oiseaux, taisez-vous,
Oiseaux, taisez-vous.

Cette seconde chanson ayant touché Moron fort sensiblement,
il pria le Satyre de lui apprendre à chanter et lui dit :

MORON

Ah ! qu'elle est belle ! Apprends-la-moi !

SATYRE

La, la, la, la.

MORON

La, la, la, la.

SATYRE

Fa, fa, fa, fa.

MORON

Fa[123] toi-même.

Le Satyre s'en mit en colère, et peu à peu se mettant en posture d'en venir à des coups de poing, les violons reprirent un air sur lequel ils dansèrent une plaisante entrée.

ACTE III   [55]

ARGUMENT

La Princesse d'Élide était cependant dans d'étranges[124] inquiétudes : le Prince d'Ithaque avait gagné le prix des courses ; elle avait, dans la suite de ce divertissement, fait des merveilles à chanter et à la danse, sans qu'il parût que les dons de la nature et de l'art eussent été quasi remarqués par le Prince d'Ithaque ; elle en fit de grandes plaintes à la princesse sa parente ; elle en parla à Moron, qui fit passer cet insensible pour un brutal. Et enfin le voyant arriver lui-même, elle ne put s'empêcher de lui

---

123 Moron comprend *fa*, la note *fa*, comme l'adjectif *fat*, « sot ».
124 Extraordinaires.

en toucher fort sérieusement quelque chose. Il lui répondit ingénument[125] qu'il n'aimait rien, et qu'hors l'amour de sa liberté,
et les plaisirs qu'elle trouvait si agréables de la solitude et de la
chasse, rien ne le touchait.

Scène PREMIÈRE
LA PRINCESSE, AGLANTE,
CYNTHIE, PHILIS

CYNTHIE

Il est vrai, Madame, que ce jeune prince a fait voir une
adresse non commune, et que l'air dont il a paru a été
quelque chose de surprenant. Il sort vainqueur de cette
course ; mais je doute fort qu'il en sorte avec le même cœur
qu'il y a porté. Car enfin vous lui avez tiré des traits dont
il est difficile de se défendre ; et sans parler de tout le reste,
la grâce de votre danse et la douceur de votre voix ont eu
des charmes[126] aujourd'hui à toucher les plus insensibles.

LA PRINCESSE

Le voici qui s'entretient avec Moron ; nous saurons un
peu de quoi il lui parle. Ne rompons point encore leur entretien, et prenons cette route pour revenir à leur rencontre.

Scène 2   [H ij] [56]
EURYALE, MORON, ARBATE

EURYALE

Ah ! Moron, je te l'avoue, j'ai été enchanté ; et jamais
tant de charmes n'ont frappé tout ensemble mes yeux et

---

125 Euryale répond franchement, c'est-à-dire carrément, mais il ment.
126 *Charme* : sortilège, puissance magique.

mes oreilles. Elle est adorable en tout temps, il est vrai ; mais ce moment l'a emporté sur tous les autres, et des grâces nouvelles ont redoublé l'éclat de ses beautés. Jamais son visage ne s'est paré de plus vives couleurs, ni ses yeux ne se sont armés de traits plus vifs et plus perçants. La douceur de sa voix a voulu se faire paraître dans un air tout charmant qu'elle a daigné chanter ; et les sons merveilleux qu'elle formait passaient jusqu'au fond de mon âme, et tenaient tous mes sens dans un ravissement à ne pouvoir en revenir. Elle a fait éclater ensuite une disposition[127] toute divine, et ses pieds amoureux, sur l'émail d'un tendre gazon, traçaient d'aimables caractères qui m'enlevaient hors de moi-même, et m'attachaient par des nœuds invincibles aux doux et justes mouvements dont tout son corps suivait les mouvements de l'harmonie. Enfin jamais âme n'a eu de plus puissantes émotions que la mienne ; et j'ai pensé[128] plus de vingt fois oublier ma résolution, pour me jeter à ses pieds et lui faire un aveu sincère de l'ardeur que je sens pour elle.

MORON

Donnez-vous-en bien de garde[129], Seigneur, si vous m'en voulez croire. Vous avez trouvé la meilleure invention du monde, et je me trompe fort si elle ne vous réussit. Les femmes sont des animaux d'un naturel bizarre ; nous les gâtons par nos douceurs ; et je crois tout de bon que nous les verrions nous courir[130], sans tous ces respects et ces soumissions où les hommes les acoquinent[131].

---

127 *Disposition* : agilité, adresse.
128 J'ai failli.
129 Gardez-vous-en bien.
130 Poursuivre.
131 *Acoquiner* : habituer, en style familier.

ARBATE

Seigneur, voici la Princesse qui s'est un peu éloignée
de sa suite.

MORON   [57]

Demeurez ferme, au moins, dans le chemin que vous
avez pris. Je m'en vais voir ce qu'elle me dira. Cependant
promenez-vous ici dans ces petites routes, sans faire aucun
semblant d'avoir envie de la joindre ; et si vous l'abordez,
demeurez avec elle le moins qu'il vous sera possible.

Scène 3

LA PRINCESSE, MORON

LA PRINCESSE

Tu as donc familiarité, Moron, avec le Prince d'Ithaque ?

MORON

Ah ! Madame, il y a longtemps que nous nous connaissons.

LA PRINCESSE

D'où vient qu'il n'est pas venu jusqu'ici, et qu'il a pris
cette autre route quand il m'a vue ?

MORON

C'est un homme bizarre[132], qui ne se plaît qu'à entretenir ses pensées.

LA PRINCESSE

Étais-tu tantôt au compliment qu'il m'a fait ?

---

132 *Bizarre* : fantasque, extravagant.

MORON

Oui, Madame, j'y étais ; et je l'ai trouvé un peu impertinent, n'en déplaise à Sa Principauté[133].

LA PRINCESSE

Pour moi, je le confesse, Moron, cette fuite m'a choquée ; et j'ai toutes les envies du monde de l'engager[134], pour rabattre un peu son orgueil.

MORON

Ma foi, Madame, vous ne feriez pas mal : il le mériterait bien ; mais à vous dire vrai, je doute fort que vous y puissiez réussir.

LA PRINCESSE   [H iij] [58]

Comment ?

MORON

Comment ? C'est le plus orgueilleux petit vilain[135] que vous ayez jamais vu. Il lui semble qu'il n'y a personne au monde qui le mérite, et que la terre n'est pas digne de le porter.

LA PRINCESSE

Mais encore, ne t'a-t-il point parlé de moi ?

MORON

Lui ? non.

---

133 Incorrection plaisante de Moron, *principauté* ne pouvant en aucun cas désigner une personne.
134 De lui inspirer de l'amour.
135 *Vilain* : grossier, rustre, vulgaire.

LA PRINCESSE
Il ne t'a rien dit de ma voix et de ma danse ?

MORON
Pas le moindre mot.

LA PRINCESSE
Certes ce mépris est choquant et je ne puis souffrir cette hauteur étrange de ne rien estimer.

MORON
Il n'estime et n'aime que lui.

LA PRINCESSE
Il n'y a rien que je ne fasse pour le soumettre comme il faut.

MORON
Nous n'avons point de marbre dans nos montagnes qui soit plus dur et plus insensible que lui.

LA PRINCESSE
Le voilà.

MORON
Voyez-vous comme il passe, sans prendre garde à vous ?

LA PRINCESSE
De grâce, Moron, va le faire aviser[136] que je suis ici, et l'oblige[137] à me venir aborder.

---

136 Va lui faire remarquer.
137 Antéposition du pronom personnel au XVIIᵉ siècle (pour : *oblige-le*).

Scène 4   [59]
LA PINCESSE, EURYALE, MORON, ARBATE

MORON

Seigneur, je vous donne avis que tout va bien. La Princesse souhaite que vous l'abordiez ; mais songez bien à continuer votre rôle ; et de peur de l'oublier, ne soyez pas longtemps avec elle.

LA PRINCESSE

Vous êtes bien solitaire, Seigneur, et c'est une humeur bien extraordinaire que la vôtre, de renoncer ainsi à notre sexe, et de fuir, à votre âge, cette galanterie dont se piquent tous vos pareils.

EURYALE

Cette humeur, Madame, n'est pas si extraordinaire qu'on n'en trouvât des exemples sans aller loin d'ici ; et vous ne sauriez condamner la résolution que j'ai prise de n'aimer jamais rien, sans condamner aussi vos sentiments.

LA PRINCESSE

Il y a grande différence ; et ce qui sied bien à un sexe ne sied pas bien à l'autre. Il est beau qu'une femme soit insensible, et conserve son cœur exempt des flammes de l'amour ; mais ce qui est vertu en elle devient un crime dans un homme. Et comme la beauté est le partage de notre sexe, vous ne sauriez ne nous point aimer, sans nous dérober les hommages qui nous sont dus, et commettre une offense dont nous devons toutes nous ressentir.

EURYALE

Je ne vois pas, Madame, que celles qui ne veulent point aimer doivent prendre aucun intérêt à ces sortes d'offenses.

LA PRINCESSE

Ce n'est pas une raison, Seigneur ; et sans vouloir aimer,
on est toujours bien aise d'être aimée.

EURYALE   [60]

Pour moi, je ne suis pas de même ; et dans le dessein
où je suis de ne rien aimer, je serais fâché d'être aimée.

LA PRINCESSE

Et la raison ?

EURYALE

C'est qu'on a obligation à ceux qui nous aiment, et que
je serais fâché d'être ingrat.

LA PINCESSE

Si bien donc que, pour fuir l'ingratitude, vous aimeriez
qui vous aimerait ?

EURYALE

Moi, Madame ? point du tout. Je dis bien que je serais
fâché d'être ingrat ; mais je me résoudrais plutôt de l'être
que d'aimer.

LA PRINCESSE

Telle personne vous aimerait, peut-être que votre cœur…

EURYALE

Non ! Madame, rien n'est capable de toucher mon cœur.
Ma liberté est la seule maîtresse à qui je consacre mes
vœux ; et quand le Ciel emploierait ses soins à composer une
beauté parfaite, quand il assemblerait en elle tous les dons
les plus merveilleux et du corps et de l'âme, enfin quand
il exposerait à mes yeux un miracle d'esprit, d'adresse et

de beauté, et que cette personne m'aimerait avec toutes les tendresses imaginables, je vous l'avoue franchement, je ne l'aimerais pas.

LA PRINCESSE
A-t-on, jamais rien vu de tel ?

MORON
Peste soit du petit brutal ! J'aurais envie de lui bailler un coup de poing[138].

LA PRINCESSE, *parlant en soi.*   [61]
Cet orgueil me confond, et j'ai un tel dépit, que je ne me sens pas[139].

MORON, *parlant au prince.*
Bon courage, Seigneur ! Voilà qui va le mieux du monde.

EURYALE
Ah ! Moron, je n'en puis plus ! et je me suis fait des efforts étranges[140].

LA PRINCESSE
C'est avoir une insensibilité bien grande, que de parler comme vous faites.

EURYALE
Le Ciel ne m'a pas fait d'une autre humeur. Mais, Madame, j'interromps votre promenade, et mon respect doit m'avertir que vous aimez la solitude.

---

138 Réplique adressée à la seule Princesse.
139 Que je perds conscience de la situation, que je perds la tête.
140 Extraordinaires.

Scène 5
LA PRINCESSE, MORON, PHILIS, TIRCIS

MORON

Il ne vous en doit rien, Madame, en dureté de cœur.

LA PRINCESSE

Je donnerais volontiers tout ce que j'ai au monde pour
avoir l'avantage d'en triompher.

MORON

Je le crois.

LA PRINCESSE

Ne pourrais-tu, Moron, me servir dans un tel dessein ?

MORON

Vous savez bien, Madame, que je suis tout à votre service.

LA PRINCESSE   [I] [62]

Parle-lui de moi dans tes entretiens ; vante-lui adroitement ma personne et les avantages de ma naissance ; et
tâche d'ébranler ses sentiments par la douceur de quelque
espoir. Je te permets de dire tout ce que tu voudras, pour
tâcher à me l'engager.

MORON

Laissez-moi faire.

LA PRINCESSE

C'est une chose qui me tient au cœur. Je souhaite ardemment qu'il m'aime.

MORON

Il est bien fait, oui, ce petit pendard-là ; il a bon air, bonne physionomie ; et je crois qu'il serait assez le fait d'une jeune princesse.

LA PRINCESSE

Enfin tu peux tout espérer de moi, si tu trouves moyen d'enflammer pour moi son cœur.

MORON

Il n'y a rien qui ne se puisse faire. Mais, Madame, s'il venait à vous aimer, que feriez-vous, s'il vous plaît ?

LA PRINCESSE

Ah ! ce serait alors que je prendrais plaisir à triompher pleinement de sa vanité, à punir son mépris par mes froideurs, et exercer sur lui toutes les cruautés que je pourrais imaginer.

MORON

Il ne se rendra jamais.

LA PRINCESSE

Ah ! Moron, il faut faire en sorte qu'il se rende.

MORON

Non, il n'en fera rien. Je le connais : ma peine sera inutile.

LA PRINCESSE

Si faut-il pourtant[141] tenter toute chose, et éprouver si son âme est entièrement insensible. Allons, je veux lui parler, et suivre une pensée qui vient de me venir.

Fin du troisième acte.

---

141 Le *si* adverbe ancien pour « cependant » fait redondance avec *pourtant*.

QUATRIÈME INTERMÈDE   [63]

Scène PREMIÈRE
PHILIS, TIRCIS

PHILIS

Viens, Tircis. Laissons-les aller, et me dis un peu ton martyre de la façon que tu sais faire. Il y a longtemps que tes yeux me parlent ; mais je suis plus aise d'ouïr ta voix.

TIRCIS, *en chantant.*

Tu m'écoutes, hélas ! dans ma triste langueur ;
Mais je n'en suis pas mieux, ô beauté sans pareille !
Et je touche ton oreille,
Sans que je touche ton cœur.

PHILIS

Va, va, c'est déjà quelque chose que de toucher l'oreille, et le temps amène tout. Chante-moi cependant quelque plainte nouvelle que tu aies composée pour moi.

Scène 2
MORON, PHILIS, TIRCIS

MORON

Ah ! Ah ! je vous y prends, cruelle. Vous vous écartez des autres pour ouïr mon rival.

PHILIS

Oui, je m'écarte pour cela. Je te le dis encore, je me plais avec lui ; et l'on écoute volontiers les amants lorsqu'ils se plaignent aussi agréablement qu'il fait. Que ne chantes-tu comme lui ? Je prendrais plaisir à t'écouter.

MORON

Si je ne sais chanter, je sais faire autre chose ; et quand…

PHILIS   [I ij] [64]

Tais-toi ; je veux l'entendre. Dis, Tircis, ce que tu voudras.

MORON

Ah ! cruelle …

PHILIS

Silence, dis-je, ou je me mettrai en colère.

TIRCIS

Arbres épais, et vous, prés émaillés,
La beauté dont l'hiver vous avait dépouillés
Par le printemps vous est rendue.
Vous reprenez tous vos appâts ;
Mais mon âme ne reprend pas
La joie, hélas ! que j'ai perdue !

MORON

Morbleu ! que n'ai-je de la voix ! Ah ! nature marâtre, pourquoi ne m'as-tu pas donné de quoi chanter comme à un autre ?

PHILIS

En vérité, Tircis, il ne se peut rien de plus agréable, et tu l'emportes sur tous les rivaux que tu as.

MORON

Mais pourquoi est-ce que je ne puis pas chanter ? N'ai-je pas un estomac[142], un gosier et une langue comme un autre ? Oui, oui, allons ; je veux chanter aussi, et te montrer que l'amour fait faire toutes choses. Voici une chanson que j'ai faite pour toi.

PHILIS

Oui, dis ; je veux bien t'écouter pour la rareté du fait.

MORON

Courage, Moron ! il n'y a qu'à avoir de la hardiesse.
             Moron chante.   [65]
                    Ton extrême rigueur
                    S'acharne sur mon cœur.
                    Ah ! Philis, je trépasse ;
                    Daigne me secourir :
                    En seras-tu plus grasse
                    De m'avoir fait mourir ?
Vivat, Moron.

PHILIS

Voilà qui est le mieux du monde. Mais, Moron, je souhaiterais bien d'avoir la gloire que quelque amant fût mort pour moi. C'est un avantage dont je n'ai point encore joui ; et je trouve que j'aimerais de tout mon cœur une personne qui m'aimerait assez pour se donner la mort.

MORON

Tu aimerais une personne qui se tuerait pour toi ?

---

142 *L'estomac* (comprenons : la poitrine) intervient ici assez naturellement comme origine du souffle. FUR. nous indique d'ailleurs qu'on disait « de celui qui a la voix forte qu'il a un bon estomac ».

PHILIS

Oui.

MORON

Il ne faut que cela pour te plaire ?

PHILIS

Non.

MORON

Voilà qui est fait. Je te veux montrer que je me sais tuer quand je veux.

TIRCIS *chante.*

Ah ! quelle douceur extrême,
De mourir pour ce qu'on aime ! (*bis*)

MORON

C'est un plaisir que vous aurez quand vous voudrez.

TIRCIS *chante.*   [I iij] [66]

Courage, Moron ! Meurs promptement
En généreux amant.

MORON

Je vous prie de vous mêler de vos affaires, et de me laisser tuer[143] à ma fantaisie. Allons, je vais faire honte à tous les amants. Tiens, je ne suis pas homme à faire tant de façons. Vois ce poignard. Prends bien garde comme je vais me percer le cœur. (*Se riant de Tircis.*) Je suis votre serviteur : quelque niais[144].

---

143 De me laisser me tuer. – Moron s'adresse ici à Tircis.
144 Bonsoir : un sot se tuerait !

PHILIS

Allons, Tircis. Viens-t'en me redire à l'écho ce que tu m'as chanté.

ACTE IV   [67]

ARGUMENT

La Princesse espérant par une feinte pouvoir découvrir les sentiments du prince d'Ithaque, elle lui fit confidence qu'elle aimait le Prince de Messène. Au lieu d'en paraître affligé, il lui rendit la pareille et lui fit connaître que la princesse sa parente lui avait donné dans la vue, et qu'il la demanderait en mariage au roi son père. À cette atteinte imprévue, cette princesse perdit toute sa constance ; et quoiqu'elle essayât à se contraindre devant lui, aussitôt qu'il fut sorti, elle demanda avec tant d'empressement à sa cousine de ne recevoir point les services de ce prince, et de ne l'épouser jamais, qu'elle ne put le lui refuser ; elle s'en plaignit même à Moron, qui lui ayant dit assez franchement qu'elle l'aimait donc, en fut chassé de sa présence.

Scène PREMIÈRE
EURYALE, LA PRINCESSE, MORON

LA PRINCESSE

Prince, comme jusques ici nous avons fait paraître une conformité de sentiments, et que le Ciel a semblé mettre en nous mêmes attachements pour notre liberté, et même aversion pour l'amour, je suis bien aise de vous ouvrir mon cœur, et de vous faire confidence d'un changement dont vous serez surpris. J'ai toujours regardé l'hymen comme une chose affreuse, et j'avais fait serment d'abandonner plutôt la

vie que de me résoudre jamais à perdre cette liberté pour
qui j'avais des tendresses si grandes ; mais enfin, un moment
a dissipé toutes ces résolutions. Le mérite d'un prince m'a
frappé aujourd'hui les yeux ; et mon âme tout d'un coup,
comme par un miracle, est devenue sensible aux traits de
cette passion que j'avais [68] toujours méprisée. J'ai trouvé
d'abord[145] des raisons pour autoriser ce changement, et je
puis l'appuyer de la volonté de répondre aux ardentes sol-
licitations d'un père, et aux vœux de tout un État ; mais, à
vous dire vrai, je suis en peine du jugement que vous ferez
de moi, et je voudrais savoir si vous condamnerez, ou non,
le dessein que j'ai de me donner un époux.

EURYALE

Vous pourriez faire un tel choix, Madame, que je
l'approuverais sans doute[146].

LA PRINCESSE

Qui croyez-vous, à votre avis, que je veuille choisir ?

EURYALE

Si j'étais dans votre cœur, je pourrais vous le dire ; mais
comme je n'y suis pas, je n'ai garde de vous répondre.

LA PRINCESSE

Devinez pour voir, et nommez quelqu'un.

EURYALE

J'aurais trop peur de me tromper.

---

145 Aussitôt.
146 J'approuverais assurément un tel choix.

LA PRINCESSE

Mais encore, pour qui souhaiteriez-vous que je me déclarasse ?

EURYALE

Je sais bien, à vous dire vrai, pour qui je le souhaiterais ; mais, avant que de m'expliquer, je dois savoir votre pensée.

LA PRINCESSE

Eh bien ! Prince, je veux bien vous la découvrir. Je suis sûre que vous allez approuver mon choix ; et pour ne vous point tenir en suspens davantage, le Prince de Messène est celui de qui le mérite s'est attiré mes vœux.

EURYALE[147]

Ô Ciel !

LA PRINCESSE

Mon invention a réussi, Moron : le voilà qui se trouble.

MORON, *parlant à la princesse.*   [69]

Bon, Madame. (*Au Prince.*) Courage, Seigneur ! (*À la Princesse.*) Il en tient. (*Au Prince.*) Ne vous défaites[148] pas.

LA PRINCESSE

Ne trouvez-vous pas que j'ai raison, et que ce prince a tout le mérite qu'on peut avoir ?

MORON, *au Prince.*

Remettez-vous et songez à répondre.

---

147 Évidemment en aparté.
148 Ne vous décontenancez pas.

LA PRINCESSE

D'où vient, Prince, que vous ne dites mot, et semblez
interdit ?

EURYALE

Je le suis, à la vérité ; et j'admire, Madame, comme le
Ciel a pu former deux âmes aussi semblables en tout que
les nôtres, deux âmes en qui l'on ait vu une plus grande
conformité de sentiments, qui aient fait éclater, dans le
même temps, une résolution à braver les traits de l'amour ;
et qui, dans le même moment, aient fait paraître une égale
facilité à perdre le nom d'insensibles. Car enfin, Madame,
puisque votre exemple m'autorise, je ne feindrai point de
vous dire que l'amour aujourd'hui s'est rendu maître de
mon cœur, et qu'une des princesses vos cousines, l'aimable
et belle Aglante, a renversé d'un coup d'œil tous les projets
de ma fierté. Je suis ravi, Madame, que, par cette égalité de
défaite, nous n'ayons rien à nous reprocher l'un et l'autre,
et je ne doute point que, comme je vous loue infiniment
de votre choix, vous n'approuviez aussi le mien. Il faut
que ce miracle éclate aux yeux de tout le monde, et nous
ne devons point différer à nous rendre tous deux contents.
Pour moi, Madame, je vous sollicite de vos suffrages pour
obtenir celle que je souhaite, et vous trouverez bon que
j'aille de ce pas en faire la demande au Prince votre père.

MORON

Ah ! digne, ah ! brave[149] cœur !

---

149 Oui, le Prince a été vaillant (*brave*) de prononcer une tirade aussi contraire
à sa passion pour la princesse d'Élide !

Scène 2   [K] [70]
LA PRINCESSE, MORON

LA PRINCESSE
Ah ! Moron, je n'en puis plus ; et ce coup, que je
n'attendais pas, triomphe absolument de toute ma fermeté.

MORON
Il est vrai que le coup est surprenant, et j'avais cru
d'abord que votre stratagème avait fait son effet.

LA PRINCESSE
Ah ! ce m'est un dépit[150] à me désespérer, qu'une autre ait
l'avantage de soumettre ce cœur que je voulais soumettre.

Scène 3
LA PRINCESSE, AGLANTE, MORON

LA PRINCESSE
Princesse, j'ai à vous prier d'une chose qu'il faut absolument que vous m'accordiez. Le Prince d'Ithaque vous aime
et veut vous demander au Prince mon père.

AGLANTE
Le Prince d'Ithaque, Madame ?

LA PRINCESSE
Oui. Il vient de m'en assurer lui-même, et m'a demandé
mon suffrage pour vous obtenir ; mais je vous conjure de
rejeter cette proposition, et de ne point prêter l'oreille à
tout ce qu'il pourra vous dire.

---

150 Il y a davantage qu'une simple déception dans le mot *dépit* au XVIIᵉ siècle ;
    il dit l'irritation, voir l'irritation violente.

AGLANTE

Mais, Madame, s'il était vrai que ce prince m'aimât effectivement, pourquoi, n'ayant aucun dessein de vous engager, ne voudriez-vous pas souffrir[151]... ?

LA PRINCESSE   [71]

Non, Aglante. Je vous le demande ; faites-moi ce plaisir, je vous prie, et trouvez bon que, n'ayant pu avoir l'avantage de le soumettre, je lui dérobe la joie de vous obtenir.

AGLANTE

Madame, il faut vous obéir ; mais je croirais que la conquête d'un tel cœur ne serait pas une victoire à dédaigner.

LA PRINCESSE

Non, non, il n'aura pas la joie de me braver entièrement.

Scène 4

ARISTOMÈNE, MORON, LA PRINCESSE, AGLANTE

ARISTOMÈNE

Madame, je viens à vos pieds, rendre grâce à l'Amour de mes heureux destins, et vous témoigner, avec mes transports, le ressentiment[152] où je suis des bontés surprenantes dont vous daignez favoriser le plus soumis de vos captifs.

LA PRINCESSE

Comment ?

---

151 *Souffrir* : supporter.
152 Aristomène vient déclarer sa reconnaissance (son *ressentiment*) avec toutes les manifestations voulues (*mes transports*).

ARISTOMÈNE

Le Prince d'Ithaque, Madame, vient de m'assurer tout à
l'heure[153] que votre cœur avait eu la bonté de s'expliquer[154]
en ma faveur sur ce célèbre[155] choix qu'attend toute la Grèce.

LA PRINCESSE

Il vous a dit qu'il tenait cela de ma bouche ?

ARISTOMÈNE

Oui, Madame.

LA PRINCESSE

C'est un étourdi ; et vous êtes un peu trop crédule,
Prince, [K ij] [72] d'ajouter foi si promptement à ce qu'il
vous a dit. Une pareille nouvelle mériterait bien, ce me
semble, qu'on en doutât un peu de temps ; et c'est tout ce
que vous pourriez faire de la croire, si je vous l'avais dite
moi-même[156].

ARISTOMÈNE

Madame, si j'ai été trop prompt à me persuader…

LA PRINCESSE

De grâce, Prince, brisons là ce discours ; et si vous voulez
m'obliger, souffrez que je puisse jouir de deux moments
de solitude.

---

153 À l'instant.
154 Se déclarer.
155 *Célèbre* : solennel, éclatant.
156 Comprendre : il aurait fallu que je vous annonce cette nouvelle moi-
même pour que vous puissiez la croire sans douter, et encore.

Scène 5

LA PRINCESSE, AGLANTE, MORON

LA PRINCESSE

Ah ! qu'en cette aventure le Ciel me traite avec une rigueur étrange ! Au moins, Princesse, souvenez-vous de la prière que je vous ai faite.

AGLANTE

Je vous l'ai dit déjà, Madame, il faut vous obéir.

MORON

Mais, Madame, s'il vous aimait, vous n'en voudriez point, et cependant vous ne voulez pas qu'il soit à une autre. C'est faire justement comme le chien du jardinier[157].

LA PRINCESSE

Non, je ne puis souffrir qu'il soit heureux avec une autre ; et si la chose était, je crois que j'en mourrais de déplaisir[158].

MORON

Ma foi, Madame, avouons la dette[159] : vous voudriez qu'il fût à vous, et dans toutes vos actions il est aisé de voir que vous aimez un peu ce jeune prince.

LA PRINCESSE

Moi, je l'aime ? Ô Ciel ! je l'aime ? Avez-vous l'insolence de prononcer ces paroles ? Sortez de ma vue, impudent, et ne vous présentez jamais devant moi.

---

157 Le chien du jardinier ne mange point de choux et ne veut pas que les autres en mangent. FUR. rappelle cette expression qu'on utilise à propos des envieux.

158 *Déplaisir* : douleur profonde, désespoir.

159 *Avouer la dette*, c'est confesser, avouer quelque chose.

MORON   [73]

Madame...

LA PRINCESSE

Retirez-vous d'ici, vous dis-je, ou je vous en ferai retirer
d'une autre manière.

MORON. *Il rencontre un regard de la Princesse,*
qui l'oblige à se retirer[160].

Ma foi, son cœur en a sa provision[161], et ...

Scène 6

LA PRINCESSE

De quelle émotion inconnue sens-je mon cœur atteint ?
et quelle inquiétude[162] secrète est venue troubler tout
d'un coup la tranquillité de mon âme ? Ne serait-ce point
aussi ce qu'on vient de me dire ? et, sans en rien savoir,
n'aimerais-je point ce jeune prince ? Ah ! si cela était, je
serais personne à me désespérer ; mais il est impossible que
cela soit, et je vois bien que je ne puis pas l'aimer. Quoi ?
je serais capable de cette lâcheté ! J'ai vu toute la terre à
mes pieds avec la plus grande insensibilité du monde ; les
respects, les hommages et les soumissions n'ont jamais
pu toucher mon âme, et la fierté et le dédain en auraient
triomphé ! j'ai méprisé tous ceux qui m'ont aimée, et
j'aimerais le seul qui me méprise ! Non, non, je sais bien

---

160 Et sa dernière réplique est en aparté.

161 Je comprends cette manière populaire de parler de Mauron, comme
toujours, ainsi : son cœur est bien chargé, il a ce qu'il faut d'amour pour
le Prince et d'embarras, de souffrance à ne pas vouloir admettre cette
passion.

162 *Inquiétude* : trouble, tourment.

que je ne l'aime pas. Il n'y a pas de raison à cela. Mais
si ce n'est pas de l'amour que ce que je sens maintenant,
qu'est-ce donc que ce peut être ? Et d'où vient ce poison
qui me court par toutes les veines, et ne me laisse point
en repos avec moi-même ? Sors de mon cœur, qui que tu
sois, ennemi qui te caches. Attaque-moi visiblement et
deviens à mes yeux la plus affreuse bête de tous nos bois,
afin que mon dard et mes flèches me puissent défaire de toi.
Ô vous, admirables personnes, qui par la douceur de vos
chants avez l'art d'adoucir les plus fâcheuses inquiétudes,
approchez-vous d'ici, de grâce, et tâchez de charmer[163] avec
votre musique le chagrin où je suis.

Fin du quatrième acte.

CINQUIÈME INTERMÈDE   [K iij] [74]
CLYMÈNE, PHILIS

CLYMÈNE
Chère Philis, dis-moi, que crois-tu de l'amour ?

PHILIS
Toi-même, qu'en crois-tu, ma compagne fidèle ?

CLYMÈNE
On m'a dit que sa flamme est pire qu'un vautour,
Et qu'on souffre en aimant une peine cruelle.

---

163 D'enchanter, dirions-nous.

PHILIS

On m'a dit qu'il n'est point de passion[164] plus belle,
Et que ne pas aimer, c'est renoncer au jour.

CLYMÈNE

À qui des deux[165] donnerons-nous victoire ?

PHILIS

Qu'en croirons-nous ? ou le mal ou le bien ?

CLYMÈNE et PHILIS, *ensemble.*

Aimons, c'est le vrai moyen
De savoir ce qu'on en doit croire.

PHILIS

Chloris vante partout l'amour et ses ardeurs.

CLYMÈNE

Amarante pour lui verse en tous lieux des larmes.

PHILIS

Si de tant de tourments il accable des cœurs,
D'où vient qu'on aime à lui rendre les armes ?

CLYMÈNE

Si sa flamme, Philis, est si pleine de charmes,
Pourquoi nous défend-on d'en goûter les douceurs ?

PHILIS

À qui des deux donnerons-nous victoire ?

---

164 Diérèse.
165 Auquel des deux jugements.

CLYMÈNE
Qu'en croirons-nous ? ou le mal ou le bien ?

TOUTES DEUX ENSEMBLE
Aimons, c'est le vrai moyen
De savoir ce qu'on en doit croire.

LA PRINCESSE *les interrompit*
en cet endroit et leur dit :
Achevez seules, si vous voulez. Je ne saurais demeurer
en repos ; et quelque douceur qu'aient vos chants, ils ne
font que redoubler mon inquiétude.

ACTE V   [75]

ARGUMENT

Il se passait dans le cœur du Prince de Messène des choses bien
différentes ; la joie que lui avait donnée le Prince d'Ithaque, en
lui apprenant malicieusement qu'il était aimé de la Princesse,
l'avait obligé de l'aller trouver avec une inconsidération que rien
qu'une extrême amour ne pouvait excuser ; mais il en avait été
reçu d'une manière bien différente à ce qu'il espérait. Elle lui
demanda qui lui avait appris cette nouvelle, et quand elle eut su
que ç'avait été le Prince d'Ithaque, cette connaissance augmenta
cruellement son mal et lui fit dire à demi désespérée : « C'est un
étourdi » ; et ce mot étourdit si fort le Prince de Messène, qu'il
sortit tout confus sans lui pouvoir répondre[166]. La Princesse, d'un
autre côté, alla trouver le roi son père, qui venait de paraître
avec le Prince d'Ithaque, et qui lui témoignait non seulement

---

166 L'argument donne ici un résumé de la scène 4 de l'acte précédent… Les
arguments semblent bien avoir été établis sans grand soin.

la joie qu'il aurait eue de le voir entrer dans son alliance, mais l'opinion qu'il commençait d'avoir que sa fille ne le haïssait pas. Elle ne fut pas plus tôt auprès de lui que se jetant à ses pieds, elle lui demanda pour la plus grande faveur qu'elle en pût jamais recevoir, que le Prince d'Ithaque n'épousât jamais la Princesse – ce qu'il lui promit solennellement; mais il lui dit que, si elle ne voulait point qu'il fût à une autre, il fallait qu'elle le prît pour elle. Elle lui répondit : « Il ne le voudrait pas » ; mais d'une manière si passionnée qu'il était aisé de connaître les sentiments de son cœur. Alors le Prince, quittant toute sorte de feinte, lui confessa son amour, et le stratagème dont il s'était servi pour venir au point où il se voyait alors par la connaissance de son humeur. La Princesse, lui donnant la main, le roi se tourna vers les deux Princes de Messène et de Pyle, et leur demanda si ses deux parentes, dont le mérite n'était pas moindre que la qualité, ne seraient point capables de les consoler de leur disgrâce[167] ; ils lui ré[76]pondirent que l'honneur de son alliance faisant tous leurs souhaits, ils ne pouvaient espérer une plus heureuse fortune. Alors la joie fut si grande dans le palais qu'elle se répandit par tous les environs.

Scène PREMIÈRE
LE PRINCE, EURYALE, MORON, AGLANTE, CYNTHIE

MORON
Oui, Seigneur, ce n'est point raillerie : j'en suis ce qu'on appelle disgracié[168] ; il m'a fallu tirer mes chausses[169] au plus vite, et jamais vous n'avez vu un emportement plus brusque que le sien.

---

167 *Disgrâce* : malheur, infortune.
168 Je suis disgracié par la Princesse (*en*).
169 *Tirer ses chausses* : s'enfuir.

LE PRINCE

Ah ! Prince, que je devrai de grâces à ce stratagème
amoureux, s'il faut qu'il ait trouvé le secret de toucher
son cœur !

EURYALE

Quelque chose, Seigneur, que l'on vienne[170] de vous
en dire, je n'ose encore, pour moi, me flatter de ce doux
espoir ; mais enfin, si ce n'est pas à moi trop de témérité que
d'oser aspirer à l'honneur de votre alliance, si ma personne
et mes États...

LE PRINCE

Prince, n'entrons point dans ces compliments. Je trouve
en vous de quoi remplir tous les souhaits d'un père ; et si
vous avez le cœur de ma fille, il ne vous manque rien.

Scène 2

LA PRINCESSE, LE PRINCE, EURYALE,
AGLANTE, CYNTHIE, MORON

LA PRINCESSE

Ô Ciel, que vois-je ici ?

LE PRINCE[171]   [77]

Oui, l'honneur de votre alliance m'est d'un prix très
considérable, et je souscris aisément de tous mes suffrages
à la demande que vous me faites.

---

170 Quoi que l'on vienne.
171 Le Prince s'adresse à Euryale ; et les deux hommes n'ont pas remarqué
     l'entrée de la Princesse.

LA PRINCESSE

Seigneur je me jette à vos pieds pour vous demander une grâce. Vous m'avez toujours témoigné une tendresse extrême, et je crois vous devoir bien plus par les bontés que vous m'avez fait voir que par le jour que vous m'avez donné[172]. Mais si jamais pour moi vous avez eu de l'amitié[173], je vous en demande aujourd'hui la plus sensible preuve que vous me puissiez accorder : c'est de n'écouter point, Seigneur, la demande de ce prince, et de ne pas souffrir que la princesse Aglante soit unie avec lui.

LE PRINCE

Et par quelle raison, ma fille, voudrais-tu t'opposer à cette union ?

LA PRINCESSE

Par la raison que je hais ce prince, et que je veux, si je puis, traverser[174] ses desseins.

LE PRINCE

Tu le hais, ma fille ?

LA PRINCESSE

Oui, et de tout mon cœur, je vous l'avoue.

LE PRINCE

Et que t'a-t-il fait ?

LA PRINCESSE

Il m'a méprisée.

---

172 Comme père, il lui a donné la vie.
173 De l'affection paternelle.
174 *Traverser* : contrarier.

LE PRINCE

Et comment ?

LA PRINCESSE   [L] [78]

Il ne m'a pas trouvée assez bien faite pour m'adresser
ses vœux.

LE PRINCE

Et quelle offense te fait cela ? Tu ne veux accepter
personne.

LA PRINCESSE

N'importe. Il me devait aimer comme les autres, et me
laisser au moins la gloire de le refuser. Sa déclaration me fait
un affront ; et ce m'est une honte sensible qu'à mes yeux, et
au milieu de votre cour, il a recherché une autre que moi.

LE PRINCE

Mais quel intérêt dois-tu prendre à lui ?

LA PRINCESSE

J'en prends, Seigneur, à me venger de son mépris, et
comme je sais bien qu'il aime Aglante avec beaucoup
d'ardeur, je veux empêcher, s'il vous plaît, qu'il ne soit
heureux avec elle.

LE PRINCE

Cela te tient donc bien au cœur ?

LA PRINCESSE

Oui, Seigneur, sans doute[175] ; et s'il obtient ce qu'il
demande, vous me verrez expirer à vos yeux.

_____

175 Assurément.

LE PRINCE

Va, va, ma fille, avoue franchement la chose : le mérite de ce Prince t'a fait ouvrir les yeux, et tu l'aimes, enfin, quoi que tu puisses dire.

LA PRINCESSE

Moi, Seigneur ?

LE PRINCE

Oui, tu l'aimes.

LA PRNCESSE

Je l'aime, dites-vous ? et vous m'imputez cette lâcheté ! Ô Ciel ! quelle est mon infortune ! Puis-je bien, sans mourir, entendre [79] ces paroles ? et faut-il que je sois si malheureuse, qu'on me soupçonne de l'aimer ? Ah ! si c'était un autre que vous, Seigneur, qui me tînt ce discours, je ne sais pas ce que je ne ferais point.

LE PRINCE

Eh bien ! oui, tu ne l'aimes pas, tu le hais, j'y consens ; et je veux bien pour te contenter qu'il n'épouse pas la princesse Aglante.

LA PRINCESSE

Ah ! Seigneur, vous me donnez la vie.

LE PRINCE

Mais afin d'empêcher qu'il ne puisse être jamais à elle, il faut que tu le prennes pour toi.

LA PRINCESSE

Vous vous moquez, Seigneur, et ce n'est pas ce qu'il demande.

EURYALE

Pardonnez-moi, Madame, je suis assez téméraire pour cela, et je prends à témoin le Prince votre père si ce n'est pas vous que j'ai demandée. C'est trop vous tenir dans l'erreur ; il faut lever le masque, et, dussiez-vous vous en prévaloir contre moi, découvrir à vos yeux les véritables sentiments de mon cœur. Je n'ai jamais aimé que vous, et jamais je n'aimerai que vous. C'est vous, Madame, qui m'avez enlevé cette qualité d'insensible que j'avais toujours affectée ; et tout ce que j'ai pu vous dire n'a été qu'une feinte, qu'un mouvement[176] secret m'a inspirée, et que je n'ai suivie qu'avec toutes les violences imaginables. Il fallait qu'elle cessât bientôt[177], sans doute[178], et je m'étonne seulement qu'elle ait pu durer la moitié d'un jour ; car enfin, je mourais, je brûlais dans l'âme, quand je vous déguisais mes sentiments ; et jamais cœur n'a souffert une contrainte égale à la mienne. Que si cette feinte, Madame, a quelque chose qui vous offense, je suis tout prêt de mourir pour vous en venger : vous n'avez qu'à parler, et ma main sur-le-champ fera gloire d'exécuter l'arrêt que vous prononcerez.

LA PRINCESSE   [L ij] [80]

Non, non, prince, je ne vous sais pas mauvais gré de m'avoir abusée ; et tout ce que vous m'avez dit, je l'aime bien mieux une feinte, que non pas une vérité[179].

LE PRINCE

Si bien donc, ma fille, que tu veux bien accepter ce prince pour époux ?

---

176 *Mouvement* : impulsion.
177 Très vite.
178 Sans aucun doute.
179 J'aime mieux que ce soit une feinte plutôt qu'une vérité.

LA PRINCESSE

Seigneur, je ne sais pas encore ce que je veux. Donnez-moi le temps d'y songer, je vous prie, et m'épargnez un peu la confusion où je suis.

LE PRINCE

Vous jugerez, Prince, ce que cela veut dire, et vous vous pouvez fonder là-dessus.

EURYALE

Je l'attendrai tant qu'il vous plaira, Madame, cet arrêt de ma destinée ; et s'il me condamne à la mort, je le suivrai sans murmure.

LE PRINCE

Viens, Moron. C'est ici un jour de paix, et je te remets en grâce avec la Princesse.

MORON

Seigneur, je serai meilleur courtisan une autre fois, et je me garderai bien de dire ce que je pense.

Scène 3   [81]
ARISTOMÈNE, THÉOCLE, LE PRINCE,
LA PRINCESSE, AGLANTE, CYNTHIE, MORON

LE PRINCE

Je crains bien, Princes, que le choix de ma fille ne soit pas en votre faveur ; mais voilà deux princesses qui peuvent bien vous consoler de ce petit malheur.

ARISTOMÈNE

Seigneur, nous savons prendre notre parti ; et si ces aimables princesses n'ont point trop de mépris pour les cœurs qu'on a rebutés, nous pouvons revenir par elles à l'honneur de votre alliance.

Scène 4

PHILIS, ARISTOMÈNE, THÉOCLE,
LE PRINCE, LA PRINCESSE, AGLANTE,
CYNTHIE, MORON

PHILIS

Seigneur, la déesse Vénus vient d'annoncer partout le changement du cœur de la Princesse. Tous les pasteurs et toutes les bergères en témoignent leur joie par des danses et des chansons ; et si ce n'est point un spectacle que vous méprisiez, vous allez voir l'allégresse publique se répandre jusques ici.

Fin du cinquième acte.

SIXIÈME INTERMÈDE   [L iij] [82]

CHŒUR DE PASTEURS
ET DE BERGÈRES QUI DANSENT

Quatre bergers et deux bergères héroïques, représentés les premiers par les sieurs Le Gros, Estival, Don et Blondel, et les deux bergères par Mlle de La Barre et Mlle Hilaire, se prenant par la main, chantèrent cette chanson à danser, à laquelle les autres répondirent.

CHANSON

Usez mieux, ô beautés fières,
Du pouvoir de tout charmer !
Aimez, aimables bergères :
Nos cœurs sont faits pour aimer.
Quelque fort qu'on s'en défende,
Il y faut venir un jour :
Il n'est rien qui ne se rende
Aux doux charmes de l'amour.

Songez de bonne heure à suivre
Le plaisir de s'enflammer !
Un cœur ne commence à vivre
Que du jour qu'il sait aimer.
Quelque fort qu'on s'en défende,
Il y faut venir un jour :
Il n'est rien qui ne se rende
Aux doux charmes de l'amour.

Pendant que ces aimables personnes dansaient, il sortit de dessous le théâtre la machine d'un grand arbre chargé de seize [83] faunes, dont les huit jouèrent de la flûte, et les autres du violon, avec un concert le plus agréable du monde. Trente violons leur répondaient de l'orchestre, avec six autres concertants de clavecins et de théorbes, qui étaient les sieurs d'Anglebert, Richard, Itier, La Barre le cadet, Tissu et Le Moine.

Et quatre bergers et quatre bergères vinrent danser une fort belle entrée, à laquelle les faunes descendant de l'arbre se mêlèrent de temps en temps, et toute cette scène fut si grande, si remplie et si agréable, qu'il ne s'était encore rien vu de plus beau en ballet.

Aussi fit-elle une avantageuse conclusion aux divertissements de ce jour, que toute la cour ne loua pas moins que celui qui l'avait précédé, se retirant avec une satisfaction qui lui fit bien espérer de la suite d'une fête si complète.

Les bergers étaient les sieurs Chicanneau, Du Pron, Noblet et La Pierre, et les bergères les sieurs Balthazard, Magny, Arnald et Bonard.

TROISIÈME JOURNÉE   [n. p.]
DES PLAISIRS
DE L'ÎLE ENCHANTÉE

Plus on s'avançait vers le grand rond d'eau qui représentait le lac sur lequel était autrefois bâti le palais d'Alcine, plus on s'approchait de la fin des divertissements de l'Île enchantée, comme s'il n'eût pas été juste que tant de braves chevaliers demeurassent plus longtemps dans une oisiveté qui eût fait tort à leur gloire.

On feignait donc, suivant toujours le même dessein, que le Ciel ayant résolu de donner la liberté à ces guerriers, Alcine en eut des pressentiments qui la remplirent de terreur et d'inquiétudes. Elle voulut apporter tous les remèdes possibles pour prévenir ce malheur, et fortifier en toutes manières un lieu qui pût renfermer tout son repos et sa joie.

On fit paraître sur ce rond d'eau, dont l'étendue et la forme sont extraordinaires, un rocher situé au milieu d'une île couverte de divers animaux, comme s'ils eussent voulu en défendre l'entrée.

Deux autres îles plus longues, mais d'une moindre largeur, paraissaient aux deux côtés de la première ; et toutes trois, aussi bien que les bords du rond d'eau, étaient si fort éclairées, que ces lumières faisaient naître un nouveau jour dans l'obscurité de la nuit.

Leurs Majestés étant arrivées n'eurent pas plus tôt pris [A] [n. p.] leur place, que l'une des deux îles qui paraissaient aux côtés de la première, fut toute couverte de violons fort bien vêtus. L'autre, qui lui était opposée, le fut au même temps de trompettes et de timbaliers, dont les habits n'étaient pas moins riches.

Mais ce qui surprit davantage fut de voir sortir Alcine de derrière le rocher, portée par un monstre marin d'une grandeur prodigieuse.

Deux des nymphes de sa suite, sous les noms de Célie et de Dircé, partirent au même temps à sa suite ; et se mettant à ses côtés sur de grandes baleines, elles s'approchèrent du bord du rond d'eau ; et Alcine commença des vers auxquels ses compagnes répondirent, et qui furent à la louange de la Reine mère du Roi.

ALCINE, CÉLIE, DIRCÉ

ALCINE

Vous à qui je fis part de ma félicité,
Pleurez avecque moi dans cette extrémité.

CÉLIE

Quel est donc le sujet des soudaines alarmes
Qui de vos yeux charmants font couler tant de larmes ?

ALCINE

5   Si je pense en parler, ce n'est qu'en frémissant.
Dans les sombres horreurs d'un songe menaçant,
Un spectre m'avertit, d'une voix éperdue,
Que pour moi des Enfers la force est suspendue,
Qu'un céleste pouvoir arrête leur secours,
10   Et que ce jour sera le dernier de mes jours.
Ce que versa de triste, au point de ma naissance,
Des astres ennemis la maligne influence,
Et tout ce que mon art m'a prédit de malheurs,
En ce songe fut peint de si vives couleurs,
15   Qu'à mes yeux éveillés sans cesse il représente
Le pouvoir de Mélisse, et l'heur de Bradamante.   [n. p.]
J'avais prévu ces maux ; mais les charmants plaisirs
Qui semblaient en ces lieux prévenir[180] nos désirs,
Nos superbes palais, nos jardins, nos campagnes,

_____

180 *Prévenir* : anticiper.

20   L'agréable entretien de nos chères compagnes,
         Nos jeux et nos chansons, les concerts des oiseaux,
         Le parfum des zéphyrs, le murmure des eaux,
         De nos tendres amours les douces aventures,
         M'avaient fait oublier ces funestes augures,
25   Quand le songe cruel dont je me sens troubler
         Avec tant de fureur les vint renouveler.
         Chaque instant, je crois voir mes forces terrassées,
         Mes gardes égorgés et mes prisons forcées ;
         Je crois voir mille amants, par mon art transformés,
30   D'une égale fureur à ma perte animés,
         Quitter en même temps leurs troncs et leurs feuillages[181],
         Dans le juste dessein de venger leurs outrages ;
         Et je crois voir enfin mon aimable Roger,
         De mes fers méprisés prêt à se dégager[182].

CÉLIE

35   La crainte en votre esprit s'est acquis trop d'empire :
         Vous régnez seule ici, pour vous seule on soupire ;
         Rien n'interrompt le cours de vos contentements
         Que les accents plaintifs de vos tristes amants ;
         Logistile[183] et ses gens, chassés de nos campagnes,
40   Tremblent encor de peur, cachés dans leurs montagnes ;
         Et le nom de Mélisse, en ces lieux inconnu,
         Par vos augures seuls jusqu'à nous est venu.

DIRCÉ

Ah ! ne nous flattons point. Ce fantôme effroyable
M'a tenu cette nuit un discours tout semblable.

---

181 C'est que la magicienne Alcine avait le pouvoir de métamorphose ; elle transformait ainsi ses anciens amants en plantes et en arbres pour les garder sur son île.

182 Roger est prêt à se libérer de l'amour d'Alcine qui l'emprisonne (*de mes fers*). – Pour la fable, voir *supra*, la note 9, p. 421-422.

183 Sœur et contraire d'Alcine, la sage *Logistile* a été chassée par elle et s'est réfugiée au fond de l'île.

ALCINE

45   Hélas ! de nos malheurs qui peut encor douter ?

CÉLIE

J'y vois un grand remède, et facile à tenter :
Une reine[184] paraît, dont le secours propice
Nous saura garantir des efforts de Mélisse.
Partout de cette reine on vante la bonté ;   [A ij] [n. p.]
50   Et l'on dit que son cœur, de qui la fermeté
Des flots les plus mutins[185] méprisa l'insolence,
Contre les vœux des siens est toujours sans défense.

ALCINE

Il est vrai, je la vois. En ce pressant danger,
À nous donner secours tâchons de l'engager.
55   Disons-lui qu'en tous lieux la voix publique étale
Les charmantes beautés de son âme royale ;
Disons que sa vertu, plus haute que son rang,
Sait relever l'éclat de son auguste sang.
Et que de notre sexe elle a porté la gloire
60   Si loin, que l'avenir aura peine à le croire,
Que du bonheur public son grand cœur amoureux
Fit toujours des périls un mépris généreux[186],
Que de ses propres maux son âme à peine atteinte,
Pour les maux de l'État garda toute sa crainte ;
65   Disons que ses bienfaits, versés à pleines mains,
Lui gagnent le respect et l'amour des humains,
Et qu'au moindre danger dont elle est menacée,
Toute la terre en deuil se montre intéressée[187] ;
Disons qu'au plus haut point de l'absolu pouvoir,

---

184 La reine mère, Anne d'Autriche.
185 *Les flots mutins* (séditieux, rebelles) sont à comprendre de manière figurée :
     ils renvoient aux troubles de la Fronde surmontés par Anne d'Autriche.
186 *Généreux* : digne d'une âme noble.
187 D'un intérêt plus ardent (le sens du mot s'est atténué de nos jours).

70   Sans faste et sans orgueil sa grandeur s'est fait voir,
      Qu'aux temps les plus fâcheux, sa sagesse constante
      Sans crainte a soutenu l'autorité penchante,
      Et dans le calme heureux par ses travaux acquis,
      Sans regret la[188] remit dans les mains de son fils ;
75   Disons par quels respects, par quelle complaisance,
      De ce fils glorieux l'amour la récompense.
      Vantons les longs travaux, vantons les justes lois
      De ce fils reconnu pour le plus grand des rois,
      Et comment cette mère, heureusement féconde,
80   Ne donnant que deux fois[189], a donné tant au monde.
      Enfin faisons parler nos soupirs et nos pleurs
      Pour la rendre sensible à nos vives douleurs ;
      Et nous pourrons trouver, au fort[190] de notre peine,
      Un refuge paisible au pied de cette reine.

                    DIRCÉ   [n. p.]
85   Je sais bien que son cœur, noblement généreux,
      Écoute avec plaisir la voix des malheureux ;
      Mais on ne voit jamais éclater sa puissance
      Qu'à repousser le tort qu'on fait à l'innocence.
      Je sais quelle peut tout ; mais je n'ose penser
90   Que jusqu'à nous défendre on la vît s'abaisser :
      De nos douces erreurs elle peut être instruite,
      Et rien n'est plus contraire à sa rare conduite.
      Son zèle si connu pour le culte des dieux[191]
      Doit rendre à sa vertu nos respects odieux[192] ;
95   Et loin qu'à son abord mon effroi diminue,
      Malgré moi je le sens qui redouble à sa vue.

---

188 *La* : l'autorité qu'elle détenait comme régente pendant la minorité du
    futur Louis XIV.
189 Anne d'Autriche eut deux fils : le futur Louis XIV et Philippe d'Orléans,
    appelé Monsieur.
190 Au point le plus fort, au moment le plus aigu de notre peine.
191 Masque obligé pour parler de la dévotion chrétienne de la reine mère.
192 Diérèse.

ALCINE

Ah ! ma propre frayeur suffit pour m'affliger.
Loin d'aigrir mon ennui[193], cherche à le soulager,
Et tâche de fournir à mon âme oppressée
100   De quoi parer aux maux dont elle est menacée.
Redoublons cependant les gardes du palais ;
Et s'il n'est point pour nous d'asile désormais,
Dans notre désespoir cherchons notre défense,

Et ne nous rendons pas au moins sans résistance.

ALCINE, *Mlle Du Parc.*
CÉLIE, *Mlle de Brie.*
DIRCÉ, *Mlle Molière.*

Lorsqu'ils[194] furent achevés, et qu'Alcine se fut retirée pour aller redoubler les gardes du palais, le concert des violons se fit entendre, pendant que, le frontispice du palais venant à s'ouvrir avec un merveilleux artifice, et des tours à s'élever à vue d'œil, quatre géants, d'une grandeur démesurée, vinrent à paraître avec quatre nains qui, par l'opposition de leur petite taille, faisaient paraître celle des géants encore plus excessive. Ces colosses étaient commis à la garde du palais, et ce fut par eux que commença la première entrée du ballet.

---

193 Au lieu d'augmenter mon désespoir.
194 *Ils* : les vers du dialogue précédent.

BALLET DU PALAIS D'ALCINE   [n. p.]

PREMIÈRE ENTRÉE

QUATRE GÉANTS et QUATRE NAINS

GÉANTS, *les sieurs Manceau, Vagnard, Pesan, et Joubert.*

NAINS, *les deux petits Des-Airs, le petit Vagnard, et le petit Tutin*

IIe ENTRÉE

Huit Maures, chargés par Alcine de la garde du dedans, en font une exacte visite, avec chacun deux flambeaux.

MAURES, *MM. d'Heureux, Beauchamp, Molier*[195]*, La Marre, les sieurs Le Chantre, de Gan, Du Pron, et Mercier.*

IIIe ENTRÉE

Cependant un dépit amoureux oblige six chevaliers qu'Alcine retenait auprès d'elle à tenter la sortie de ce palais ; mais la fortune ne secondant pas les efforts qu'ils font dans leur désespoir, ils sont vaincus, après un grand combat, par autant de monstres qui les attaquent.

SIX CHEVALIERS et SIX MONSTRES

CHEVALIERS, *MM. de Souville, les sieurs Raynal, Des-Airs l'aîné, Des-Airs le second, de Lorge, et Balthazard.*

MONSTRES, *les sieurs Chicanneau, Noblet, Arnald, Desbrosses, Desonets, et La Pierre.*

---

195 Musicien et danseur, ce Louis de Mollier, ou Molier, ou Molière, n'a rien à voir avec notre Jean-Baptiste Poquelin dit Molière.

IVe ENTRÉE   [n. p.]

Alcine, alarmée de cet accident, invoque de nouveau tous ses esprits, et leur demande secours ; il s'en présente deux à elle, qui font des sauts avec une force et une agilité merveilleuses.

DÉMONS AGILES, *les sieurs Saint-André et Magny.*

Ve ENTRÉE

D'autres démons viennent encore, et semblent assurer la magicienne qu'ils n'oublieront rien pour son repos.

AUTRES DÉMONS SAUTEURS,
les sieurs Tutin, La Brodière, Pesan, et Bureau.

VIe ET DERNIÈRE ENTRÉE

Mais à peine commence-t-elle à se rassurer, qu'elle voit paraître, auprès de Roger et de quelques chevaliers de sa suite, la sage Mélisse, sous la forme d'Atlas. Elle court aussitôt pour empêcher l'effet[196] de son intention ; mais elle arrive trop tard : Mélisse a déjà mis au doigt de ce brave chevalier la fameuse bague qui détruit les enchantements. Lors un coup de tonnerre, suivi de plusieurs éclairs, marque la destruction du palais, qui est aussitôt réduit en cendres par un feu d'artifice, qui met fin à cette aventure, et aux divertissements de l'Île enchantée.

ALCINE, *Mlle Du Parc.*
MÉLISSE, *de Lorge.*
ROGER, *M. Beauchamp.*
CHEVALIERS, *MM. d'Heureux, Raynal, Du Pron, et Desbrosses.*
ÉCUYERS, *MM. La Marre, Le Chantre, de Gan, et Mercier.*

FIN DU BALLET

---

196 *L'effet* : la réalisation.

Il semblait que le ciel, la terre et l'eau fussent tous en feu, et que la destruction du [n. p.] superbe palais d'Alcine, comme la liberté des chevaliers qu'elle y retenait en prison, ne se pût accomplir que par des prodiges et des miracles. La hauteur et le nombre des fusées volantes, celles qui roulaient sur le rivage, et celles qui ressortait de l'eau après s'y être enfoncées, faisaient un spectacle si grand et si magnifique, que rien ne pouvait mieux terminer les enchantements qu'un si beau feu d'artifice, lequel ayant enfin cessé après un bruit et une longueur extraordinaires, les coups de boîtes[197] qui l'avaient commencé redoublèrent encore.

Alors toute la cour se retirant confessa qu'il ne se pouvait rien voir de plus achevé que ces trois fêtes ; et c'est assez avouer qu'il ne s'y pouvait rien ajouter, que de dire que, les trois journées ayant eu chacune ses partisans, comme chacune avait eu ses beautés particulières, on ne convint pas du prix qu'elles devaient emporter entre elles, bien qu'on demeurât d'accord qu'elles pouvaient justement le disputer à toutes celles qu'on avait vues jusques alors, et les surpasser peut-être.

Mais, quoique les fêtes comprises dans le sujet des *Plaisirs de l'Île enchantée* fussent terminées, tous les divertissements de Versailles ne l'étaient pas ; et la magnificence et la galanterie du Roi en avaient encore réservé pour les autres jours qui n'étaient pas moins agréables.

Le samedi dixième, Sa Majesté voulut courre les têtes[198]. C'est un exercice que peu de gens ignorent, et dont l'usage est venu d'Allemagne, fort bien inventé pour faire voir l'adresse d'un cavalier tant à bien mener son cheval dans les passades[199] de guerre, qu'à bien se servir d'une lance, d'un dard, et d'une

---

197 Terme de pyrotechnie : espèce de petit mortier de fonte ou de fer, qu'on charge de poudre, qu'on bouche ensuite d'un tampon de bois et auquel on met le feu. Lors d'un feu d'artifice, on commence (et on finit) en tirant des *boîtes*.

198 Cette *course des têtes* est décrite immédiatement.

199 En termes d'équitation, une *passade* est une figure ancienne dans laquelle le cheval parcourait au galop une même longueur de terrain, passant

épée. Si quelqu'un ne les a point vu courre[200], il en trouvera ici
la description, étant moins communes que la bague et seulement
ici depuis peu d'années ; et ceux qui en ont eu le plaisir, ne
s'ennuient pas pourtant d'une narration si peu étendue.

Les chevaliers entrent l'un après l'autre dans la lice, la lance
à la main et un dard sous la cuisse droite ; et après [n. p.] que
l'un d'eux a couru et emporté une tête de gros carton, peinte
et de la forme de celle d'un Turc, il donne sa lance à un page ;
et en faisant la demi-volte, il revient à toute bride à la seconde
tête, qui a la couleur et la forme d'un Maure, l'emporte avec
le dard, qu'il lui jette en passant ; puis, reprenant une javeline
peu différente de la forme du dard, dans une troisième passade
il la darde dans un bouclier où est peinte une tête de Méduse ;
et achevant sa demi-volte, il tire l'épée, dont il emporte, en
passant toujours à toute bride, une tête élevée à un demi-pied
de terre ; puis faisant place à un autre, celui qui en ses courses
en a emporté le plus, gagne le prix.

Toute la cour s'étant placée sur une balustrade de fer doré, qui
régnait autour de l'agréable maison de Versailles, et qui regarde
sur le fossé dans lequel on avait dressé la lice avec des barrières,
le Roi s'y rendit, suivi des mêmes chevaliers qui avaient couru la
bague, les ducs de Saint-Aignan et de Noailles y continuant leurs
premières fonctions, l'un de maréchal de camp et l'autre de juge des
courses. Il s'en fit plusieurs, fort belles et heureuses ; mais l'adresse
du Roi lui fit emporter hautement, en suite du prix de la course
des dames, encore celui que donnait la Reine : c'était une rose de
diamants de grand prix que le Roi, après l'avoir gagnée, redonna
libéralement à courre aux autres chevaliers, et que le marquis
de Coaslin disputa contre le marquis de Soyecourt, et la gagna.

Le dimanche, au lever du Roi, quasi toute la conversion
tourna sur les belles courses du jour précédent, et donna lieu à
un grand défi entre le duc de Saint-Aignan, qui n'avait point

---

et repassant toujours sur une même ligne et exécutant une demi-volte
à chaque extrémité. Cette figure devait être usuelle dans les combats.
200 Infinitif ancien de *courir*.

encore couru, et le marquis de Soyecourt, qui fut remis au lendemain, pour ce que le maréchal duc de Gramont, qui pariait pour ce marquis, était obligé de partir pour Paris, d'où il ne devait revenir que le jour d'après.

Le Roi mena toute la cour, cet après-dîner[201], à sa ménagerie, dont on admira les beautés particulières, et le nombre presque incroyable d'oiseaux de toutes sortes, parmi [B] [n. p.] lesquels il y en a beaucoup de fort rares. Il serait inutile de parler de la collation qui suivit ce divertissement, puisque, huit jours durant, chaque repas pouvait passer pour un festin des plus grands qu'on puisse faire.

Et le soir, Sa Majesté fit représenter, sur l'un de ces théâtres doubles de son salon[202], que son esprit universel a lui-même inventés, la comédie des *Fâcheux*, faite par le sieur de Molière, mêlée d'entrées de ballet, et fort ingénieuse.

Le bruit du défi qui se devait courir le lundi douzième fit faire une infinité de gageures[203] d'assez grande valeur, quoique celle des deux chevaliers ne fût que de cent pistoles ; et comme le duc, par une heureuse audace, donnait une tête à ce marquis fort adroit[204], beaucoup tenaient pour ce dernier, qui, s'étant rendu un peu plus tard chez le Roi, y trouva un cartel[205] pour le presser, lequel, pour n'être qu'en prose[206], on n'a point mis en ce discours.

Le duc de Saint-Aignan avait aussi fait voir à quelques-uns de ses amis, comme un heureux présage de sa victoire, ces quatre vers :

AUX DAMES
Belles, vous direz en ce jour,
Si vos sentiments sont les nôtres,

---

201 Après le repas de midi.
202 Le mystère reste entier sur ces *théâtres doubles*.
203 *Gageure* : pari.
204 En somme, le duc part avec un handicap d'une tête sur son adversaire dans la course des têtes.
205 Le *cartel* venait provoquer l'adversaire au combat.
206 Parce qu'il n'était qu'en prose.

> *Qu'être vainqueur du grand Soyecourt,*
> *C'est être vainqueur de dix autres ;*

faisant toujours allusion à son nom de Guidon le Sauvage[207], que l'aventure de l'Île périlleuse rendit victorieux de dix chevaliers.

Aussitôt que le Roi eut dîné, il conduisit les Reines, Monsieur, Madame, et toutes les dames, dans un lieu où on devait tirer une loterie, afin que rien ne manquât à la galanterie de ces fêtes. C'étaient des pierreries, des ameublements, de l'argenterie, et autres choses semblables ; et quoique le sort ait accoutumé de décider de ces présents, il s'accorda sans doute avec le désir de Sa Majesté quand il fit tomber le gros lot entre les mains de la Reine ; chacun sortant de ce lieu-là fort content, pour aller voir les courses qui s'allaient commencer.

Enfin Guidon et Olivier[208] parurent sur les rangs, à cinq heures du soir, fort proprement vêtus et [n. p.] bien montés.

Le Roi, avec toute la cour, les honora de sa présence ; et Sa Majesté lut même les articles des courses, afin qu'il n'y eût aucune contestation entre eux. Le succès en fut heureux[209] au duc de Saint-Aignan, qui gagna le défi.

Le soir, Sa Majesté fit jouer une comédie nommée *Tartuffe*, que le sieur de Molière avait faite contre les hypocrites ; mais quoiqu'elle eût été trouvée fort divertissante, le Roi connut tant de conformité entre ceux qu'une véritable dévotion met dans le chemin du Ciel et ceux qu'une vaine ostentation des bonnes œuvres n'empêche pas d'en commette de mauvaises, que son extrême délicatesse pour les choses de la religion ne put souffrir cette ressemblance du vice avec la vertu, qui pouvaient être pris l'une pour l'autre ; et quoiqu'on ne doutât point des bonnes intentions de l'auteur, il la défendit pourtant en public[210], et

---

207 Voir *supra*, à la note 19, p. 424.
208 C'est-à-dire Saint-Aignan et Soyecourt – selon leur rôle dans la fable de ces journées. Voir aussi la note 37, p. 428.
209 Le résultat en fut heureux.
210 Il en défendit la représentation publique. Il y aura, de fait, nombre des représentations privées du *Tartuffe*, chez des grands. – 1682 donne, avec

se priva soi-même de ce plaisir, pour n'en pas laisser abuser à d'autres[211], moins capables d'en faire un juste discernement.

Le mardi treizième, le Roi voulut encore courre les têtes, comme à un jeu ordinaire que devait gagner celui qui en ferait le plus. Sa Majesté eut encore le prix de la course des dames, le duc de Saint-Aignan celui du jeu ; et ayant eu l'honneur d'entrer pour le second à la dispute avec Sa Majesté, l'adresse incomparable du Roi lui fit encore avoir ce prix ; et ce ne fut pas sans un étonnement duquel on ne pouvait se défendre, qu'on en vit gagner quatre à sa Majesté, en deux fois qu'elle avait couru les têtes

On joua le même soir la comédie du *Mariage forcé*, encore de la façon du même sieur de Molière, mêlée d'entrées de ballet et de récits ; puis le Roi prit le chemin de Fontainebleau le mercredi quatorzième, toute la cour se trouvant si satisfaite de ce qu'elle avait vu, que chacun crut qu'on ne pouvait se passer de le mettre en écrit, pour en donner la connaissance à ceux qui n'avaient pu voir des fêtes si diversifiées et si agréables, où l'on a pu admirer tout à la fois le projet avec le succès[212], la libéralité avec la politesse, le grand nombre avec l'ordre, et la [B ij] [n. p.] satisfaction de tous ; où les soins infatigables de Monsieur de Colbert s'employèrent en tous ces divertissements, malgré ses importantes affaires ; où le duc de Saint-Aignan joignit l'action à l'invention du dessein ; où les beaux vers du président de Périgny à la louange des Reines furent si justement pensés, si agréablement tournés, et récités avec tant d'art ; où ceux que M. de Benserade fit pour les chevaliers eurent une approbation générale ; où la vigilance exacte de M. de Bontemps et l'application de M. de

---

une précision : « Il défendit cette comédie pour le public jusques à ce qu'elle fût entièrement achevée et examinée par des gens capables d'en juger, pour n'en pas laisser abuser d'autres ».

211 Le public, n'ayant pas le discernement du roi, aurait pu ne pas distinguer la vraie dévotion de l'hypocrisie et voir dans *Tartuffe* une attaque contre la religion.

212 *Succès* : issue.

Launay ne laissèrent manquer d'aucune des choses nécessaires ; enfin où chacun a marqué si avantageusement son dessein de plaire au Roi, dans le temps où Sa Majesté ne pensait elle-même qu'à plaire ; et où ce qu'on a vu ne saurait jamais se perdre dans la mémoire des spectateurs, quand on n'aurait pas pris le soin de conserver, par cet écrit, le souvenir de toutes ces merveilles.

FIN DES PLAISIRS DE L'ÎLE ENCHANTÉE

ANNEXES

1/ LIVRET DE LA DEUXIÈME JOURNÉE

Était remis aux spectateurs, avant la fête, un livret, distribué en trois fascicules, un fascicule par journée. Sous le titre : Les Plaisirs de l'Île enchantée. Course de bague faite par le roi à Versailles, le 6 Mai [*sic* ; pour 7] 1664. *À Paris, par Robert Ballard, seul imprimeur du Roy pour la musique. M. DC. LXIV. Nous donnons le fascicule de la seconde journée, celle qui fut réservée à la comédie-ballet de Molière.*

SECONDE JOURNÉE   [1]

DES PLAISIRS

DE L'ÎLE

ENCHANTÉE

AVANT-PROPOS

Le brave Roger et les fameux guerriers de sa quadrille avaient trop bien réussi aux courses qu'ils avaient entreprises dans l'Île enchantée, et la magicienne qui les avait conviés à en divertir une grande Reine avait reçu trop de satisfaction de cette galanterie[1], pour n'en désirer pas la

---

1   De ce divertissement.

continuation. Ces chevaliers lui donnent donc le plaisir de la comédie. Comme ils avaient entrepris les courses sous le nom des jeux pythiens et armés à la grecque, ils ne sortent point de leur premier dessein, lorsque la scène [A] [2] est en Élide. C'est là qu'un prince d'humeur magnifique et galante, ayant une fille aussi naturellement ennemie de l'amour qu'ornée de tous les dons qui la rendent aimable, propose des jeux d'exercices, des courses de chariots et des chasses, croyant que la magnificence des premiers et le divertissement de l'autre, où l'adresse et le courage se font remarquer, feront choisir, parmi les divers princes qu'il y avait conviés, un amant à sa fille, qui soit digne d'elle. Il y réussit heureusement, et l'intrigue de la comédie, étant de soi fort galante, est encore augmentée par des concerts, des récits et des entrées de ballet, qui entrent bien dans le sujet et le rendent fort agréable.

Noms de ceux qui jouent la comédie

Le Prince d'Élide	Hubert.
La Princesse d'Élide	Mesdemoiselles de Brie,
et deux autres ses parentes	Molière, Du Parc.
Philis	Mademoiselle Béjart.
Le Prince d'Ithaque	La Grange.
Le Prince de Messène	Du Croisy.
Le Prince de Pyle	Béjart.
Arbate, gouverneur	
du Prince d'Ithaque	La Thorillière.
Moron	Molière.
Lycas et deux petits pages.	

Noms de ceux qui dansent au ballet, et ceux qui chantent   [3]

L'AURORE
MADEMOISELLE HILAIRE.

Quatre valets de chiens, qui doivent chanter
MESSIEURS ESTIVAL, DON, BLONDEL ET MOLIÈRE[2].

Six autres valets de chiens, qui doivent danser
LES SIEURS PAYSAN, CHICANNEAU, NOBLET, PESAN,
BONARD ET LA PIERRE.

Deux ours
LES SIEURS MERCIER ET VAGNARD.

Huit paysans.
LES SIEURS PAYSAN, CHICANNEAU, BALTHAZARD, NOBLET,
BONARD, MANCEAU, MAGNY, ET LA PIERRE

Un satyre
M. ESTIVAL.

Deux pâtres   [4]
MESSIEURS LE GROS ET BLONDEL

Deux bergères héroïques
MADEMOISELLE LA BARRE. MADEMOISELLE HILAIRE.

Deux bergers héroïques
MESSIEURS DON ET ESTIVAL.

Seize faunes
Flûtes

---

2   Molière jouait Lyciscas, mais ne chantait pas.

LES SIEURS PIESCHE, DESCOUSTEAUX,
DESTOUCHE, MARTIN HOTTERE,
LOUIS HOTTERE, JEAN HOTTERE, NICOLAS HOTTERE,
OU LE ROY, ET PAISIBLE.
Petits violons
LES SIEURS MARCHAND, LA CAISSE, BESSON, MAGNY,
CHARLOT, ALAIS, HUGUENET ET LA FONTAINE.

Quatre bergers quatre bergères
Bergers
LES SIEURS CHICANNEAU, DU PRON, NOBLET ET LA PIERRE.
Bergères
LES SIEURS BALTHASARD, MAGNY, ARNALD ET BONARD.

FIN DE LA SECONDE JOURNÉE.

En un autre petit livret séparé, à la suite des livrets de chaque journée, Ballard publie une Liste du divertissement de Versailles, et les noms de ceux qui y sont employés, *journée par journée. Pour la seconde journée* (La Comédie de Molière, musique et entrée [*sic*] de ballet), *p. 12-14, sont ajoutées aux listes précédentes les listes des* Concertants de l'orchestre (*D'Anglebert, La Barre le cadet, Richard, Tissu, Ittier, Le Moine*), *des* Grands Violons (*Du Manoir, Artus, Leger, La Croix, Mazuel, Desmatins, Favier, Feugré, Chaudron, Du Pin, Bruslard,* dessus, *Lespervier, Bruslard,* basse, *Camille, Brouard, Varin, Joubert, Des Noyers, Baslin*) *et des* Petits violons (*Martineau, Le Grais, Barry, Heugé, Le Roux l'aîné, Le Peintre, Le Roux le cadet, Guenin, Brouart, La Rivière, Roulé*).

2/ RELATION DE MARIGNY

Jacques Carpentier de Marigny publia très vite (l'achevé d'imprimé est du 17 juin 1664) une Relation des divertissements que le Roy a donnés aux reines dans le parc de Versailles, Écrite à un gentilhomme qui est présentement hors de France. *À Paris, chez Claude Barbin, au Palais, vis-à-vis le grand portail de la Sainte-Chapelle, au signe de la Croix. 1664. Avec Privilège du Roi. Nous en donnons le texte.*

MONSIEUR,   [1]

À mon retour de Versailles, j'ai trouvé une de vos lettres, dans laquelle vous me paraissez fort curieux de savoir des nouvelles qui puissent vous divertir agréablement pen[A] [2]dant votre voyage. Il est certain, Monsieur, que les plus belles et les plus importantes que l'on pourrait vous écrire se font au lieu d'où je viens ; mais comme à force de ne rien faire l'on devient paresseux, dispensez-moi, de grâce, d'un emploi qui n'est pas propre à un fainéant comme je suis, et contentez-vous que je vous adresse à des gens que vous connaissez, et qui s'en acquitteront le plus [3] aisément du monde, pour peu qu'ils aient envie de vous complaire. N'est-il pas vrai que si M. Colbert voulait, il pourrait vous faire part des salutaires avis qu'il donne au Roi, pour réformer les abus qui s'étaient glissés dans l'administration des finances, et des sages résolutions que prend Sa Majesté pour y rétablir un ordre aussi nécessaire pour le bien de ses affaires, qu'il est avantageux [A ij] [4] pour le soulagement de ses sujets ? Si Monsieur Le Tellier se voulait donner la peine de vous écrire le détail des affaires qui lui passent par les mains, ne seriez-vous pas beaucoup mieux instruit du secret de tous les mouvements que font toutes les troupes du royaume que ceux mêmes qui les commandent ? Et s'il plaisait à M. de Lyonne de vous donner quelque connaissance des affaires étrangères, n'en [5] apprendriez-vous pas beaucoup plus, par un seul ordinaire[3], que n'en ont appris pour leur argent les ministres des princes étrangers qui achetaient les faux extraits de ce misérable copiste[4], qui expliqua, il y a quelque temps, ses dernières volontés en Gréve ?

Eh bien, Monsieur, vous voyez, ce me semble, que je vous donne d'assez bons expédients[5] pour vous instruire des [A iij] [6] plus fines nouvelles de la cour. Car ne croyez pas que depuis que vous êtes parti, il y ait eu quelque changement au ministère, et que le Roi ait ajouté quelque nouvelle roue à la machine de l'État, afin de la faire mouvoir plus aisément. Il a cru jusqu'ici que le nombre de trois était le nombre de perfection, et se servant de ces trois ministres, comme Dieu se sert des causes secondes, il les ho[7]nore seuls, autant qu'il lui plaît, du secret de ses affaires. Ils ont seuls la connaissance qu'il veut leur donner de ce qui se passe dans le Cabinet ; le reste de la cour, pour ne point demeurer dans l'oisiveté, a la liberté de méditer sur ce qui se passe au dehors.

Vous voilà maintenant aussi bien informé que vous le pouvez être par un homme comme moi, et je pense que je pourrais honnêtement [A iij] [8] fermer mon paquet, en y ajoutant les imprimés[6] que je vous envoie des divertisse-

---

3   *Ordinaire* : courrier qui assurait un service régulier.
4   Quelque espion de l'étranger qui termina pendu en place de Grève.
5   *Expédient* : moyen de se tirer d'affaires, solution ingénieuse.
6   Les livrets divers, en attendant la relation officielle.

ments que le Roi a donnés aux Reines, pendant quelques jours, si je n'appréhendais quelque reproche de ne vous avoir pas dit mon sentiment sur une fête aussi galante que magnifique, puisque j'ai été assez heureux pour être du nombre des spectateurs.

Il n'est pas nécessaire que je vous fasse ici la [9] peinture de Versailles ; vous en connaissez toutes les beautés et vous savez avec quel art le Roi a renfermé, dans la petitesse de cette maison, tout ce qui se peut trouver de magnifique et de galant dans les plus superbes palais que l'architecture puisse imaginer.

> Quand le grand Archimède[7] étonnant nos aïeux
>   Leur fit voir comme une merveille
> Dans un petit cristal la beauté nonpareille,
>   Et tous les mouvements des cieux,
> Jupiter fut surpris, voyant que sur la terre   [10]
>   L'art ingénieux des humains
> S'était ainsi joué dans un fragile verre
>   Du plus grand œuvre de ses mains.

L'on arrive par la grande allée, qui est au bout du parterre, dans un rond fort spacieux, coupé par une autre allée de même largeur ; ce lieu, qui est à cinq ou six cents pas du château, fut choisi pour le plus propre à faire paraître les premiers divertissements du palais enchanté d'Al[11]cine. L'on avait élevé dans les quatre avenues du rond de grands portiques ornés au-dehors et au-dedans des armes et des chiffres[8] de Sa Majesté. L'on avait mis le haut dais justement à l'entrée du rond, et derrière en remontant dans l'allée l'on avait arrangé des bancs en forme d'amphithéâtre

---

7   Archimède fut célèbre aussi pour l'utilisation qu'il fit des miroirs.
8   Les armoiries du roi et l'entrelacs des initiales de son nom.

pour placer deux cents personnes. De grandes machines entrelacées dans les arbres du rond soute[12]naient des chandeliers garnis d'un nombre infini de flambeaux, pour faire, s'il était possible, une lumière égale à celle du soleil, lorsqu'il aurait fait place à la nuit.

Aussitôt que les Reines furent arrivées, l'on entendit un grand bruit de timbales et de trompettes, qui était le signal que les paladins étaient prêts à paraître dans le camp. N'attendez pas, Monsieur, que je vous [13] décrive en détail la magnificence de leurs habits, et de toute leur suite ; qu'il vous suffise d'apprendre par cette relation quelques particularités que vous ne trouverez point dans les imprimés, et que l'on n'y avait pas voulu mettre, à dessein de surprendre plus agréablement toute l'assemblée.

On vit donc entrer d'abord, par l'allée qui était à la gauche du haut dais, un héraut [14] d'armes avec le page du paladin Roger, celui du maréchal de camp, et celui du juge des courses, avec les lances et les écus de leurs maîtres ; ils étaient suivis de deux timbaliers et de quatre trompettes qui marchaient devant le maréchal de camp, suivi de huit autres trompettes et de quatre timbaliers qui marchaient devant l'incomparable Roger, chef de cette illustre quadrille. [15] À peine parut-il dans la place, que l'on entendit des cris de joie et d'admiration, que le respect et l'amour que l'on a pour lui faisaient éclater de toutes parts. Car, Monsieur,

> Soit qu'il marche pour faire une illustre conquête,
> Soit que se délassant avecques ses guerriers,
> Pour joindre quelque myrte[9] à ses fameux lauriers
> Il veuille honorer une fête,

---

9 Consacré à Vénus, le *myrte* est le symbole de l'amour, le *laurier* symbolisant la victoire.

Il a beau se cacher sous l'habit d'un berger,
     D'un Romain, de Mars, de Roger,
     Soudain sa grâce sans seconde,   [16]
Son air majestueux, certain je ne sais quoi
     Fait connaître que c'est le Roi,
     Et le roi le plus grand du monde.

Après les paladins l'on vit entrer Apollon sur un char d'une hauteur prodigieuse, et tout brillant d'or, d'azur et de cent autres couleurs différentes. Ce char était traîné par quatre superbes chevaux de différent poil, attelés tous quatre de front. Ne vous allez pas imaginer qu'on les eût pris dans l'écurie d'A[17]pollon, et que ce fussent ceux dont il se sert pour faire sa course journalière[10] ; on les avait pris dans l'écurie du Roi, et si leur fierté paraissait mêlée de quelque inquiétude, c'est qu'ils sentaient bien qu'ils n'avaient pas une charge si auguste que celle qu'ils ont coutume d'avoir tous les jours.

     Ainsi l'on nous a fait entendre
     Que jadis le fier Bucéphale,
Poussé d'un même orgueil, et d'un dépit égal
     Ne voulait porter qu'Alexandre.

[B] [18] Apollon avait à ses pieds les quatre Siècles ; et moi qui vous écris, j'avais aux miens deux barbons et trois duègnes, qui avaient assez d'âge pour en composer quatre autres, et quelque chose même de plus, si l'on en eût eu besoin pour achever de remplir le char.

    Milet, le premier conducteur qui soit au monde, faisait voir son adresse en cette occasion ; il était vêtu comme [19] l'on peint le Temps ; il semblait être d'une taille plus grande

---

10 Le trajet du soleil.

que la naturelle. Je crois que vous ne vous en étonnerez pas, non plus que beaucoup d'autres qui savent que

> Quelquefois à la cour le temps
> Paraît fort long aux courtisans.

Le char était environné des douze Heures du jour et des douze Signes du zodiaque, et suivi des pages des chevaliers portant leurs lan[B ij][20]ces, et les écus de leurs devises, et de vingt pasteurs chargés des pièces de la barrière, dont la lice fut formée dans un moment, lorsque les paladins voulurent courir la bague.

Le Temps Milet fit tourner deux ou trois fois autour de la place le char d'Apollon ; il ne paraissait point du tout embarrassé de son emploi ; car, menant tous les jours aussi heureusement et aussi adroitement qu'il [21] fait le plus précieux char du monde, il savait bien que quand celui-ci serait renversé, l'accident, au pis aller, n'aurait été fatal qu'au théâtre de Molière, et que celui de l'Hôtel de Bourgogne s'en serait aisément consolé[11]. Le char s'étant arrêté devant les Reines, Apollon et les quatre Siècles récitèrent les vers que vous pouvez lire dans le livre imprimé. Ce récit étant achevé, Apollon et tous ceux qui le [B iij] [22] suivaient sortirent de la place, et les chevaliers commencèrent la course de bague.

Je ne m'amuserai point ici à vous en faire tout le détail ; il suffit de vous dire que tous firent parfaitement leur devoir, et que la voix publique donna le prix des plus belles et des plus justes courses au paladin Roger. Toutes les fois que

---

11 Rappelons que les comédiens de Molière interprétaient diverses divinités et allégories dans ce défilé ; leur chute n'aurait pu que réjouir leurs rivaux de l'Hôtel de Bourgogne ! Ce trait montre que la rivalité des théâtres intéressait le public.

le grand Soyecourt courait, l'on entendait quelques voix féminines se récrier en sa [23] faveur. Cependant la bague fut longtemps disputée entre Monsieur le duc de Guise, et le marquis de La Vallière qui eut enfin l'avantage, et quoique l'on n'eût proposé aucun prix pour la course de bague, la Reine mère, qui ne saurait s'empêcher d'être magnifique lorsqu'il s'en présente la moindre occasion, récompensa l'adresse du marquis de La Vallière, en lui donnant une épée et un bau[24]drier garnis de diamants. Je suis très persuadé que vous ne serez point surpris du procédé de Sa Majesté, car vous savez bien que,

> Afin qu'elle enseignât aux plus grands souverains
> Quelles sont les vertus royales,
> Le Ciel lui fit présent de mains
> Belles, blanches, et libérales.

La nuit étant survenue, le camp fut éclairé d'un nombre infini de lumières, et tous les chevaliers s'étant retirés, l'on vit entrer l'Orphée [25] de nos jours, vous entendez bien que je veux dire Lully, à la tête d'une grande troupe de concertants, qui s'étant approchés au petit pas et à la cadence de leurs instruments près des reines, se séparèrent en deux bandes à droit et à gauche du haut dais, en bordant les palissades du rond, et en même temps l'on vit arriver par l'allée qui était à la main droite les quatre Saisons : le Printemps [C] [26] sur un grand cheval d'Espagne, l'Été sur un éléphant, l'Automne sur un chameau et l'Hiver sur un ours ; les Saisons étaient accompagnées de douze jardiniers, douze moissonneurs, douze vendangeurs et douze vieillards ; ils marquaient la différence de leurs saisons par des fleurs, des épis, des fruits et des glaces, et portaient sur leurs têtes les bassins de la collation.

[27] Une grande machine d'arbres artistement entre-
mêlés, et qui s'élevaient presque à la hauteur de ceux des
allées, parut dans la place, et s'approcha insensiblement
des reines. Pan et Diane étaient assis sur les plus hautes
branches de ces arbres, et cette machine était devancée par
un concert de hautbois et de flûtes, et suivie d'une troupe
de Faunes qui portaient des viandes de la ména[C ij][28]
gerie de Pan et de la chasse de Diane ; après marchaient les
pages qui devaient servir les dames à la table.

Aussitôt que cette grande troupe eut pris place, les
quatre Saisons, Pan et Diane s'approchèrent de la Reine,
et lui dirent les vers que vous prendrez, s'il vous plaît, la
peine de lire dans l'imprimé.

Ce récit fait, les Heures qui avaient accompagné le char
d'Apol[29]lon, vinrent danser une entrée de ballet, avec les
douze Signes du zodiaque, pendant que les contrôleurs de
la maison du Roi, qui représentaient l'Abondance, la Joie,
la Propreté et la Bonne Chère, firent apporter vis-à-vis du
haut dais, de l'autre côté du rond, une grande table en forme
de croissant, ornée de festons, et enrichie d'un nombre
infini de fleurs, et sitôt qu'elle fut cou[C iij][30]verte par
les Jeux, les Ris et les Délices, l'on ouvrit le milieu de la
barrière pour laisser passer Leurs Majestés et les dames qui
devaient être de la collation, dont la magnificence peut être
comparée à celle du festin des dieux de l'Antiquité. Tous
les concertants passèrent à droit et à gauche de la barrière,
et s'allèrent placer sur un amphithéâtre qui était derrière la
table ; et certes, il faut avouer [31] qu'en ce moment-là les
yeux et les oreilles eurent toute la satisfaction que la nature,
l'art et l'harmonie étaient capables de leur donner, et que
jamais rien n'eut tant l'air d'un enchantement, que ce que
l'on vit dans cette place, où cent objets différents occupaient
toute l'imagination des spectateurs. Il est vrai qu'un certain

envieux de la joie publique, pour diminuer le plaisir des yeux, éteignit [C iiij] [32] une partie des lumières : vous comprenez bien que ce fut le vent, car vous vous tromperiez fort, si vous pensiez qu'il y eût eu quelque créature vivante assez étourdie, assez insolente, pour l'oser faire ;

> Et vous savez, comme je crois,
> La crainte et le respect que l'on a pour le Roi,
> Que son empire est calme, et sans orage,
> Qu'il ne voit rien qui le puisse troubler,
> Et qu'il rend le monde si sage
> Que personne n'ose souffler.

Ce superbe festin fi[33]nit avec la première journée des plaisirs du Palais d'Alcine. Le jour suivant on eut le divertissement de la comédie. L'on avait dressé un grand théâtre environ cent pas au-dessous du rond où les chevaliers avaient couru la bague, et l'on avait fait une espèce de salon, entre les palissades de l'allée, dont le haut était couvert de toiles pour défendre les dames contre les injures du temps. Vous ne [34] prétendez pas que je vous raconte scène par scène le sujet de la comédie, et vous faites fort bien ; car mon intention n'est pas de vous écrire un volume. En attendant que vous la voyiez imprimée, si Molière qui en est l'auteur la veut donner au public ; vous saurez qu'il avait eu si peu de temps pour la composer, qu'il n'y avait qu'un acte et demi en vers, et le reste était en prose, de sorte qu'il [35] semblait que pour obéir promptement au pouvoir de l'enchanteresse Alcine, la comédie n'avait eu le temps que de prendre un de ses brodequins[12], et qu'elle était venue donner des marques de son obéissance un pied

---

12   Thalie, la muse de la comédie, est représentée couronnée de lierre, chaussée de brodequins, et tenant un masque à la main.

chaussé et l'autre nu. Elle ne laissa pas d'être fort galante,
et l'on prit assez de plaisir à voir un jeune prince amoureux
d'une princesse fort dédaigneuse, et qui n'aimait [36] que la
chasse, venir à bout de sa fierté, par une indifférence affectée,
et tout cela selon les bons avis d'une espèce d'Angélie[13],
c'est-à-dire d'un fou ou soi-disant, plus heureux et plus
sage que trente docteurs qui se piquent d'être des Catons.

> Tous ne sauraient par les mêmes emplois
> Avoir de l'accès près des rois ;
> Cependant chacun y veut être ;
> On gronde, on peste tout le jour
> Contre tel qui n'est pas ce qu'il veut y paraître ;
> Mais pour moi je tiens qu'à la cour
> N'est pas fou qui plaît à son maître.

[37] Toute la pièce était mêlée de danses et de concerts
des plus belles voix du monde ; et comme les amants ne se
brouillent jamais si fort, qu'ils ne se marient à la fin de la
comédie, cela ne manqua pas d'arriver, et pour les divertir le
soir de leurs noces, leurs courtisans se déguisèrent et finirent
la pièce, par la plus belle et la plus surprenante entrée que
l'on ait jamais vue. Au fond du [38] théâtre, sur un grand
arbre, dont les branches étaient entrelacées les unes dans les
autres, seize Faunes faisaient un agréable concert de flûtes,
et dans le temps qu'ils reprenaient haleine, deux Bergers et
deux Bergères héroïques chantaient une chanson à danser ;
par leurs noms qui sont dans l'imprimé vous jugerez de la
beauté de leur voix et du plaisir que l'on avait de les enten[39]
dre. Cependant l'arbre sur lequel les Faunes étaient assis
s'avança jusques au milieu du théâtre par un enchantement
d'Alcine. Lors ceux qui dansaient aux chansons s'arrêtèrent,

---

13   L'Angélie était le fou de Louis XIV.

et l'on vit entrer quatre autres Bergers et quatre Bergères, dont les habits étaient aussi galants que ceux des Céladons, des Sylvandres, des Astrées et des Dianes du pays de Lignon[14]. Lorsqu'ils avaient dansé quelque [40] temps, les premiers Bergers et les Bergères recommençaient à danser aux chansons ; ceux-ci n'avaient pas fini que les autres rentraient au son de mille instruments, et leur entrée était mêlée de celle de quelques satyres, tantôt avec des flûtes et tantôt avec des tambours de Basque, dont la musique s'accordait au reste de la symphonie avec une justesse merveilleuse. Enfin l'on eut tout à la fois le plaisir [41] d'un mélange de toutes ces sortes de danses et de musiques qui s'étaient faites séparément, et tout cela fut exécuté avec tant d'ordre, que tout le monde avoua qu'il fallait que Lully, qui était l'inventeur de toute cette harmonie et de cette entrée si belle et si galante, fût cent fois plus diable que la diablesse Alcine même. Toute l'assemblée sortit charmée de ce divertissement : les [D] [42] dames avouèrent de bonne foi que l'on avait découvert dans la comédie le véritable moyen de les ramener à la raison, lorsqu'elles font les difficiles et les farouches ; les cavaliers jurèrent de se servir plutôt de cet expédient que de se pendre de désespoir pour la plus belle Anaxarète[15] de la terre ; et je fus fort aise de les voir dans ces sentiments ; car j'ai toujours trouvé le désespoir en amour [43] une vilaine chose, et je me souviens d'avoir fait des vers qui sont assez conformes à la résolution de ces messieurs, qui avaient si bien profité à la comédie ; il faut que je vous les écrive ici :

> Les yeux d'Aminte m'ont charmé,
> Mon cœur brûle et languit pour elle

---

14 Tous personnages qui évoluent sur les bords du Lignon dans le roman pastoral *L'Astrée*, d'Honoré d'Urfé.

15 Cette insensible paraît dans les *Métamorphoses* d'Ovide, au livre XIV.

> Et je ne puis en être aimé.
> Ma flamme serait immortelle
> Si la pitié voulait quelque jour m'exaucer ;
> Elle est adorable, elle est belle,
> Mais elle est cruelle ;
> Il s'en faut passer.

Voilà, Monsieur, comment se termina la [D ij] [44] seconde journée. Le jour suivant la cour eut le plaisir d'un ballet, qui se fit dans le Palais d'Alcine, sur les dix heures du soir.

Le rond d'eau qui est au bas de la même allée, par laquelle l'on était descendu de la place où s'était faite la course de bague au salon de la comédie, fut choisi pour représenter le lac au milieu duquel était l'Île enchantée de cette fameuse magicien[45]ne ; le haut dais fut placé sur le bord de l'allée ; et sur les côtés du rond d'eau, près des palissades, à droit et à gauche, il y avait des amphithéâtres qui faisaient une forme de croissant, qui aboutissait aux bords de deux petites îles, qui étaient aux deux côtés du Palais d'Alcine. Ces deux îles furent en un moment éclairées d'un nombre infini de lumières, et l'on vit, sur celle qui était à la main droi[D iij][46]te des spectateurs, un grand nombre de concertants, dont l'harmonie répondait à celle des trompettes et des timbales qui étaient dans la petite île de la main gauche. Peu de temps après, l'on aperçut de loin trois grosses baleines, qui sortaient des deux côtés du Palais, et qui en nageant s'approchaient des bords du lac enchanté. L'une portait sur son dos Alcine, et les deux autres [47] portaient les deux compagnes de cette magicienne. Comme l'on raisonne différemment sur toutes les choses de ce monde, les uns soutenaient que ces monstres étaient vivants, et que des Biscayens[16] les avaient pris à la dernière

---

16   Basques.

pêche, et les avaient amenés au Roi ; d'autres disaient que c'étaient des poissons que l'on avait jetés, il y a peu de temps, dans le rond d'eau, et qui étaient devenus assez [48] grands pour servir en cette occasion ; et ces derniers appuyaient leur opinion en disant que

Sans se donner beaucoup de peines
L'on fait aux champs des rois de fertiles moissons,
Et leurs eaux sont toujours si bonnes et si saines,
Que les moindres petits poissons
Y deviennent dans peu de fort grosses baleines.

Alcine et ses compagnes s'étant approchées du bord du lac, vis-à-vis de Leurs Majestés, firent le récit que vous trouverez imprimé, et s'en retournèrent après du côté [49] de l'Île enchantée, où était le Palais qui, s'ouvrant à leur arrivée, surprit agréablement les yeux par les beautés d'une architecture si merveilleuse, que l'on eût cru que c'était de l'invention de Bigarrani[17], si l'on n'eût été prévenu que c'était un enchantement d'Alcine. Alors les concertants redoublèrent leurs accords, et l'on vit des géants d'une prodigieuse grandeur, qui firent la première [E] [50] entrée du ballet ; de la manière qu'ils dansaient et qu'ils étaient chaussés, il semblait qu'ils eussent appris à danser à Venise, et qu'ils se fussent servis d'un cordonnier de quelque gentille donne[18]. L'imprimé vous instruira du détail de toutes les entrées, et vous apprendra que la sage Mélisse ayant apporté au brave Roger l'anneau fatal aux enchantements afin de le délivrer et les autres chevaliers, [51] Alcine parut comme une désespérée, et lors un grand coup de tonnerre suivi d'une infinité d'éclairs marqua la ruine de son Palais,

---

17   Il s'agit évidemment de Carlo Vigarani.
18   *Donna*, dame.

qui fut embrasé par un feu d'artifice. Jamais l'on n'a vu d'incendie plus agréable ; l'air, la terre et l'eau étaient couverts tantôt de fusées volantes, et tantôt de gerbes de feu, tantôt mille serpenteaux s'élançaient de l'Île sur les spectateurs, et il y en eut tel qui [E ij] [52] tombant parmi les dames fut assez indiscret pour se glisser et crever en des endroits fort sujets au feu.

Voilà quelle fut la fin de l'aventure et des plaisirs de l'Île enchantée d'Alcine. Et si vous désirez savoir mon sentiment sur les beautés de ces trois différentes journées, je vous dirai ce que je dis à Monsieur, lorsqu'il me fit l'honneur de me demander ce qu'il m'en semblait. [53] Je lui répondis que j'avais trouvé la première journée surprenante, la seconde galante et agréablement diversifiée, la troisième ingénieuse, et toutes trois très magnifiques, et tout à fait royales. Et certes Monsieur le duc de Saint-Aignan doit être bien satisfait d'avoir été l'auteur d'une fête si belle, et si bien conduite ; car enfin jamais rien ne se passa avec tant d'ordre, et [E iij] [54] pour prévenir même la confusion que la curiosité du peuple aurait pu apporter en passant par-dessus les murailles du parc, on les avait bordées de soldats des Gardes, et Monsieur le maréchal de Gramont avait fait tendre deux tentes, sous lesquelles on servit deux tables pour les principaux officiers, tandis que l'on donnait avec profusion du vin au reste de soldats. Vous savez si ce maréchal est ma[55]gnifique en tout temps, et s'il sait bien faire l'honneur d'une fête, et je pense que vous vous souvenez encore de quel air il soutenait en Allemagne la dignité de l'ambassade[19], et la gêne[20] cruelle que sa splendeur donnait aux ambassadeurs étrangers qui la voulaient copier.

---

19   Le maréchal de Gramont fut ambassadeur à Francfort.
20   *Gêne* : souffrance, douleur violente.

Le Roi pour continuer à divertir les Reines, fit succéder aux plaisirs du Palais d'Alcine celui de la course [E iij] [56] des têtes qui se fit dans les fossés du château. Il remporta par son adresse le prix que tous les vœux de l'assemblée lui donnaient, et il le redonna sur-le-champ à courre aux chevaliers qui avaient eu l'honneur d'être de sa quadrille ; et le duc de Coaslin, qui le gagna, reçut le diamant de la main de la Reine. Il n'est pas nécessaire que je vous exagère la valeur du présent : vous savez bien [57] que Sa Majesté n'en fait que de grands ;

Parmi ceux qu'elle nous a faits
En échange de cette gloire
Qu'apportaient à l'État la guerre et la victoire
Elle nous a donné la Paix ;
En se donnant, cette adorable Reine
A fait présent au dieu de Seine
Du plus riche trésor que l'Espagne eut jamais.
Le Ciel par cette souveraine
Nous a comblés de biens ; car pour tout dire enfin,
Et Louis et l'État ont eu d'elle un Dauphin
Qui sera de cette couronne
Quelque jour l'infaillible appui ;
Car tout petit qu'il est, l'on voit dans sa personne
De quoi donner un jour un Dauphin comme lui.

Mais afin que les dames [58] après avoir été royalement régalées pendant leur séjour à Versailles, ne s'en retournassent point sans emporter quelques faveurs du Roi, il fit une magnifique loterie, dans laquelle il y avait autant de billets heureux que de dames ; et la fortune, qui se mêle ordinairement des grâces qui se font à la cour, fut l'arbitre de cette galanterie, qui fit confesser à tout le monde que le Roi n'est pas moins [59] l'âme des plaisirs de la cour que celle des conseils qui font prospérer son empire. Car enfin, Monsieur, comme l'âme, si nous le savons ou si nous ne le savons pas, est toute dans tout le corps, et toute dans chacune de ses parties, à voir agir le Roi dans les affaires importantes à la gloire et au salut de l'État, à voir son assiduité dans les conseils, l'on dirait qu'il aurait renoncé à tous les plai[60]sirs où sa jeunesse le peut inviter ; et quand il donne quelques heures de son temps aux divertissements et à la joie, il le fait avec une application qui ferait dire aux dupes qui ne le connaîtraient pas qu'il a laissé à quelque autre le soin de ses affaires. Grâce à Dieu, nous nous apercevons chaque jour de mieux en mieux qu'il est le grand et le maître ressort qui fait mouvoir la machine, qu'il est, [61] quand il veut, impénétrable à ceux qui l'approchent de plus près, en un mot, qu'il est impossible de s'acquitter mieux qu'il fait des devoirs d'un roi politique, jeune, puissant et fortuné. En vérité l'on peut bien dire qu'heureux est celui qui trouvera quelque occasion de servir un monarque si parfait, plus heureux qui le sert, et plus heureux encore qui l'a toujours servi. Je vous connais, Monsieur, [62] et je suis assuré que ce n'est pas la curiosité de voir les marmousets[21] de l'Antiquité et quelques vieux hiéroglyphiques gravés sur des pyramides à demi rompues qui vous a fait entreprendre le voyage où vous êtes embarqué, mais le désir d'observer attentivement les cours étrangères. Voyez-en tant qu'il vous plaira, examinez avec soin la prudence, et la conduite des autres princes ; je suis très assuré qu'à [63] votre retour vous serez de mon avis, et que vous direz avec moi :

> Que l'on propose sur la terre
> Un prix à disputer entre les potentats
> Qui savent mieux gouverner des États

---

21   Un *marmouset* est une statuette ou une figure grotesque.

Et dans la paix et dans la guerre,
Que par des charmes inouïs
    Une troupe de rois s'assemble,
Je gage pour le seul LOUIS
Contre tous les autres ensembles.

DE MARIGNY.
                À Paris, le 14e mai 1664.

INDEX NOMINUM[1]

---

1   Les critiques contemporains sont distingués par le bas-de-casse.

INDEX DES PIÈCES DE THÉÂTRE

TABLE DES MATIÈRES

LE MARIAGE FORCÉ

LES PLAISIRS DE L'ÎLE ENCHANTÉE
LA PRINCESSE D'ÉLIDE